Alfio Moncada

Orientale Sicula

Proebbido entrari ed altri racconti

**ZeroBook
2021**

Titolo originario: *Orientale Sicula* / di Alfio Moncada

Questo libro è stato edito da **ZeroBook**: www.zerobook.it.
Prima edizione: febbraio 2021
ISBN 978-88-6711-194-7

Tutti i diritti riservati in tutti i Paesi. Questo libro è pubblicato senza scopi di lucro ed esce sotto Creative Commons Licenses. Si fa divieto di riproduzione per fini commerciali. Il testo può essere citato o sviluppato purché sia mantenuto il tipo di licenza, e sia avvertito l'editore o l'autore.
Controllo qualità **ZeroBook**: se trovi un errore, segnalacelo!
Email: zerobook@girodivite.it

Indice generale

Introduzione..7
Orientale Sicula..11
    Caffè (ed altri odori) 13
    Brunilde & Bellona.......................................16
    Fichi e salame...24
    Arruanu!..32
    A putia (ed altri commerci alimentari).......36
    Api, Vespe e Motom...................................48
    Asso piglia tutto..55
    Arene...67
    Ciuffi ribelli...73
    Fuori dal cortiletto......................................81
    Isti? (La funzione del telefono)..................86
    Un vinaio d'onore.......................................91
    Il balcone del patriarca...............................96
    Ricci (e alghe)...104
    Proebbido entrari ("The King").................107
    Trattative...114
    Le leggende del mio Santo......................122
    "Munnizza" magistra vitae.......................129
    Una piazza in bianco e nero....................138
    Pasquetta (La zia Chef Stellata)..............142
    Don Felice l'autista...................................153

Il cavalluccio di porcellana..161
La colazione dei coglitori..168
La capanna di Robinson...176
La vita toglie, la vita dà (Accade al camposanto).............192
Le scarpe del prete...206
Arrivederci, addio! (Uora comu fazzu?)........................213
Aria di Roma..220
Cielo stellato..226
Nota di edizione..237
Questo libro...237
L'autore...238
Le edizioni ZeroBook...239

Introduzione

Che valore ha raccontare episodi della propria vita? La banalità e la pericolosità letteraria dell'autobiografia possono essere riscattate dal mezzo secolo trascorso e dal mutare del contesto storico e sociale? Ho cominciato a scrivere questi racconti alcuni anni fa, sollecitato da chi m'invitava a farlo dopo averne ascoltato la narrazione orale. Ora, terminata questa lieve e divertente "fatica", provo a mettermi nei panni di un ipotetico lettore. È ovvio che questi racconti siano passati al vaglio della mia autocritica: ma possono avere un valore anche per altri? E a chi potrebbero interessare?

Forse a chi poco o nulla ha avuto a che fare con l'epoca (gli anni '60) e/o l'ambientazione prevalente (la Sicilia Orientale) e potrebbe divertirsi nello scoprire scenari sconosciuti? Oppure a chi in quel contesto ci è vissuto ma, essendo meno sentimentale di me, ne ha cancellato i ricordi? Oppure ancora a coloro che, essendo nati e cresciuti in Sicilia, hanno vissuto le stesse cose solo "dall'interno" e potrebbero quindi essere stimolati da uno sguardo "esterno", ovvero da parte di un bambino per metà continentale e cittadino?

La risposta a questi interrogativi dovrebbero darla i lettori, cui debbo chiedere perdono per due motivi, oltre che dare un consiglio.

La prima richiesta di perdono è per non aver cambiato i nomi e i riferimenti reali dei personaggi, omettendoli solamente quando non erano necessari al racconto. Non credo, tuttavia, che chi si riconoscerà in qualche racconto possa offendersi o temere lo sghignazzo altrui; anche perché il mio tocco è così sinceramente affettuoso, che penso non possa provocare neanche il minimo danno alla sua reputazione o a quella dei tanti che purtroppo non ci sono più. Del resto, poiché l'autobiografia costituisce non solo l'ispirazione ma realmente la materia prima dell'opera, ogni trasposizione mi è fin da subito apparsa come innaturale e pretenziosa. Ovviamente, gli stessi luoghi od episodi potrebbero da altri essere ricordati in modo diverso. Direi che è naturale: la memoria umana non è bruta registrazione. Costituisce, invece, la traccia che gli eventi lasciano nella nostra emotività, con implicite distorsioni della "realtà" (ammesso che essa esista davvero) a seconda di chi la vive. D'altro canto, è mia sincera speranza che sui fatti, le situazioni e i personaggi narrati – non certo eventi notevoli, più spesso fatterelli semplici, elementi di vita quotidiana- non scenda il triste oblio delle generazioni.

Il secondo aspetto per cui chiedo venia è per gli eventuali errori storico-topografici e, soprattutto, per come ho riportato le frasi in dialetto, con probabili imprecisioni nel lessico e nella formulazione grafica. Ho scelto comunque, poiché non ne sono certo capace, di non fare sintesi creative alla Camilleri. Dove i personaggi mescolavano loro stessi italiano e dialetto nell'incedere del discorso, ho cercato di marcare la differenza attraverso l'uso del carattere normale e del corsivo. Sono ricorso alla traduzione con note a piè di pagina per chi col siciliano, al di là delle imitazioni televisive della cadenza, non avesse proprio alcuna dimestichezza.

Il consiglio, infine, è di leggere i racconti come vi pare e piace! Evidentemente c'è un *fil rouge* spazio-temporale –dalla partenza da Roma al viaggio di ritorno- e credo possa essere gradevole scorrere con la lettura nella sequenza proposta. Ma per chi ama invece spiluccare e vagabondare, può essere una valida strategia alternativa assaggiare qua e là il brano che il titolo rende al momento più attraente. Ogni racconto gode, infatti, di una certa autonomia.

Alfio Moncada

"...Il passaggio sul ferry-boat era un'illusione, una trappola in cui noi bambini cascavamo sempre: *Vos et Ipsam Civitatem Benedicimus* diceva la Madonna all'imbocco del porto di Messina.

(...) Siete in Sicilia! Siete arrivati! Avete passato l'imbuto di mare, la dolce o amara giogaia per cui son dovuti obbligatoriamente transitare milioni e milioni di homo sapiens, dalla preistoria ai giorni nostri, per entrare in quella grande isola, in quella terra gravida di storia, di promesse, di tragedie, di spietato esercizio delle virtù e delle nefandezze umane (...). Ma per noi bambini, la promessa della fine dell'interminabile viaggio in automobile non era che un imbroglio. Centoventi chilometri di 'SS 114 – Orientale Sicilua' ci separavano ancora dal traguardo."

(dal racconto "Arrruanu!")

Orientale Sicula

Caffè (ed altri odori)

La partenza era di solito la mattina molto presto, cosa che per un bambino è di per sé fastidiosa. A parte l'ora (le 4 o le 5), un conto è svegliarsi per andare a scuola - tu già lo sai, a quell'orario è regolato il tuo orologio mentale e ti prendi fino all'ultima briciola la quota di sonno che ti spetta per contratto – e un altro è percepire già da prima, nel dormiveglia ansioso che precede il momento in cui la mamma si accosta al letto, un insieme di suoni molesti (passi di pantofole e poi di scarpe, tintinnio di cucchiaini sul bordo della tazza, domande sussurrate su dove sia questa o quell'altra cosa) e soprattutto un odore penetrante e sommamente nauseante. Il caffè della partenza veniva preparato in due o più volte, con la stessa caffettiera ripetutamente caricata, in piccola parte utilizzato per la colazione e per il resto travasato bollente nel thermos piccolo, dopo aver versato alcuni cucchiaini di zucchero. Si potrebbe supporre che, una volta tappato il contenitore, l'odore potesse svanire. Invece si continuava a percepirlo fortissimo per la casa, fino al momento di chiudere la porta. E dopo ancora, dentro la macchina, continuava la sua azione preparatoria per la nausea, che puntualmente arrivava dopo Battipaglia, alla fine dell'autostrada, presentata dal famoso cartello "Reggio Calabria 434". Quattrocentotrentaquattro chilometri di curve e controcurve, con il thermos del caffè ben posizionato a oscillare lievemente, accanto al suo fratello maggiore dell'acqua, sporgenti da una borsa di pelle marrone a pianta rettangolare, poggiata sul pavimento dell'auto fra il posto del conducente (mio padre) e quello di mia madre. La borsa conteneva pochi altri generi di conforto tipo caramelle o biscotti, ma non panini o frutta, che erano messi, quando c'erano, in un'altra sacca, separata e chiusa. Dal continuo movimento del thermos? Dall'imperfetta tenuta del tappo di sughero? Dal fatto che il rivestimento si era impregnato di caffè durante le manovre di travaso? Oppure ancora dal residuo non sciacquato che restava nel tappo-bicchierino a vite con cui il thermos veniva chiuso dopo i vari usi? Da uno di questi fattori, o forse da tutti insieme, dipendeva il fatto che l'odore di caffè aleggiasse per tutto il viaggio all'interno dell'abitacolo della vettura, assieme ad altri aromi al pari nauseanti, come la benzina (cruda), la paglia dei cappelli poggiati dietro il lunotto posteriore, la concia della pelle del rivestimento della macchina fotografica. I sedili stessi della macchina, anche dopo anni, non avevano perso del tutto la pungente esalazione originaria della plastica gommosa con cui erano fatti. A questi si aggiungevano gli odori del mangiare, portato da Roma o acquistato durante il viaggio: frittata dei panini, aglio del salame calabrese, frutta varia. Questo antipatico sentore complessivo permaneva vagamente nell'automobile ancora per alcuni di giorni, rendendomi la permanenza al suo interno piuttosto sgradevole. Per fortuna, lo contrastava un po' il delizioso e virile aroma della benzina bruciata, proveniente dallo scappamento, ancora più penetrante nel piccolo garage della casa di mio nonno in Sicilia che negli ampi spazi di quello collettivo di Roma. I giorni seguenti, durante gli spostamenti quotidiani verso la nostra campagna, l'aria delle pietraie riarse e degli agrumeti entrava dal mio finestrino, sempre tenuto aperto nonostante i rimbrotti di mio padre, e purificava l'abitacolo. Le puzze lentamente scomparivano e l'automobile riprendeva il suo consueto, apprezzato e dignitoso odore.

Brunilde & Bellona

L'automobile della quale andai maggiormente fiero, finché non invecchiò e divenne del tutto fuori moda, era una Opel Rekord 1700, grigia scura, col tetto bianco, le ruote con borchie cromate e al centro dorate, gomme con fasce bianche, due pinnette posteriori, appena accennate, per i fari verticali. Interpretava sobriamente, alla tedesca, la moda americana (la Opel era ispirata nei modelli dalla casa madre General Motors) dell'epoca, momento di passaggio dalle forme tutto curvo agli spigoli acuti tipo *batmobile*. Il nome veniva dal colore, dalla nazionalità tedesca e da una certa imponenza, che mio padre deve aver giudicato piuttosto "wagneriana".

Pur non essendo una fuoriserie né una macchina di lusso, faceva il suo gran figurone, sicuramente rispetto alla *Fiat Milletre*, ma anche rispetto alla *Millecinque*, che per dimensioni e fascia, erano un po' il suo corrispettivo nostrano. La grande bocca, la griglia anteriore sotto il cofano, era arricchita da due occhi gialli supplementari, i fari antinebbia, fissati al paraurti, che io non vedevo l'ora mio padre accendesse. Gli indicavo il bottone da tirare ("fog light") da molto prima che imparassi a leggere l'italiano (e figuriamoci l'inglese), al minimo apparire di foschie anche passeggere. Accenderli significava entrare nell'avventura, in film polizieschi con inseguimenti, sbandate, pistolettate e macchine misteriose che inseguivano e poi scomparivano nella nebbia. Il cambio era al volante, a 3 marce; il motore, non molto potente ma elastico, la poteva spingere fino a 140 km/ora, cifra massima raggiungibile dalla striscia bianca orizzontale del tachimetro, che non permetteva di fantasticare come su certe Giuliette Sprint o Spider di cui, tornando da scuola, scrutavo i magnifici e sportivi strumenti tondi classici, ad orologio, con indicate cifre da capogiro, come 180 o addirittura 200.

Con la Brunilde facemmo 110.000 chilometri, prevalentemente in gite domenicali fuori porta e in viaggi per la Sicilia (ma anche diversi per Genova, ed uno memorabile per le città del Nord Italia, fino a Venezia) e durò circa dieci anni. La sua marcia per i tornanti del Cilento e della Sila, fino ad arrivare ai piedi dell'Aspromonte, sembrava inarrestabile, fra le sapienti mani di mio padre. Ero molto orgoglioso della sua guida piuttosto fluida, anche se col piede destro, quello dell'acceleratore, credo esagerasse nello spingere e subito dopo rilasciare, come in un continuo voler moderare il suo istinto. Ma le mani erano molto coordinate, fra le cambiate sempre dolci e gli ampi gesti sul grande volante, laccato bianco, della Brunilde. La mia fiducia di bambino era totale, anche se a volte lo avrei voluto più audace.

Come quella in cui, seguendo da chilometri un autotreno fra le curve calabresi, il camionista alla guida, forse infastidito dalle suonatine o dai lampeggi di mio padre, non volendo farsi sorpassare, spinse al massimo in un piccolo rettilineo e forzò un passaggio a livello, proprio mentre le sbarre si stavano abbassando e la campana batteva inesorabile: la prima stanga, sfiorata dal tetto della cabina, si piegò verso l'alto e a destra. La seconda rimase incastrata fra la motrice ed il rimorchio, venendo completamente divelta, assieme ad un pezzo del suo basamento, dalla forza bruta di quel pachiderma d'acciaio. Il bestione proseguì la sua lenta avanzata, apparentemente indifferente al peso dell'ingombrante trofeo che si portava appresso. Mi spiace non aver potuto suggerire al giovane Spielberg un simile episodio per una scena del suo già memorabile "Duel": ci sarebbe stata proprio bene!

Il film calabrese, invece, fu meno eccitante: nonostante i miei ripetuti ed animati solleciti, quasi una bizza, perché passassimo anche noi - ché tanto le sbarre una non c'era più e l'altra era storta e quindi il passaggio era libero - mio padre decise di fermarsi e di aspettare prudentemente il passaggio del treno. Quando la campanella, orfana delle sue compagne sbarre, finì di suonare, mio padre finalmente ripartì e, forse a causa delle mie grida - Dai, dai, ora accelera! Inseguiamolo! –, dopo una decina di chilometri effettivamente lo riprendemmo. Sulle prime il camionista fu ancora insensibile ai colpi di clacson della Brunilde, ma alla fine, appena ci fu uno slargo, accostò fermandosi. Anche mio padre si fermò, affiancandolo a livello del suo finestrino, piuttosto distante per aver evitato la notevole sporgenza perpendicolare della sbarra. Ai rimproveri ed alle proteste, il tipo ebbe la faccia tosta di rispondere male, sostenendo di non essersi accorto di nulla. "Duel" sarebbe uscito parecchi anni dopo e mio padre sinceramente sottovalutò il rischio di attaccare bottone con quell'incivile. Dopo uno scambio tutt'altro che cordiale di invettive, saggiamente decidemmo di ripartire, ma ci fermammo di nuovo dopo la successiva curva. Mio padre scese, seguito come un furetto dal sottoscritto, per spiare cosa facesse il camionista. Credo che il sudore gli si sia gelato sulla fronte, pensando al rischio corso nel diverbio; perché in lontananza vedemmo scendere dalla cabina un energumeno in canottiera, che riuscì, con la sola forza erculea delle braccia, a ribaltare la sbarra verso il ciglio della strada, liberando così il proprio mezzo. Impressionato, tirai il genitore per la mano, invitandolo a rientrare in macchina e a ripartire al più presto.

Brunilde fu sostituita, dopo un'incidente in cui si ferì l'anteriore sinistro, da una Simca 1500 bianca, berlina con pretese sportive. Quella nuova macchina segnò, per me, gli albori dell'adolescenza (prima media) e addirittura, a 15 anni, il passaggio dalla guida simulata per gioco a quella reale, generosa trasgressione di mio padre al codice che ne richiederebbe 18 ed il conseguimento della patente.

La "Bellona" era invece la vettura che trovavamo in paese, unica nostra automobile in terra siciliana le rare volte in cui il viaggio da Roma era fatto in treno. Ma la utilizzavamo anche quando si arrivava in macchina, negli anni in cui la Brunilde era troppo giovane e lucente per esser strapazzata, fra polvere e buche, nelle strade statali e provinciali siciliane; ma soprattutto nelle "trazzere" (antichi tracciati mai asfaltati) o nelle sterrate interpoderali che portavano alla nostra campagna o ai posti di mare.

Quando venivamo da Roma con la Brunilde, questa veniva fin dal primo giorno introdotta nelle viscere del più grande dei due magazzini che sottostavano la casa dei nonni, ficcandola in fondo, una volta compattato il ciarpame che conteneva. Le manovre necessarie erano lunghe e complicate, allegre all'arrivo ma mestissime alla partenza. Erano dirette in parte da mio nonno, che dal soprastante balconcino accompagnava le indicazioni librando nell'aria l'inseparabile bastone, e osservate con ammirazione, ma anche con una punta di invidioso desiderio di veder la teutonica vettura strusciarsi le cromature o la vernice, da una piccola folla di vecchi e bambini del vicinato. Quel magazzino mio nonno lo fittava, come diceva uno sbiadito "SI LOCA" affisso sulla grata a semiluna che sormontava il vecchio portone di legno (mi ci vollero diversi anni per capire che "loca" significava "affitta") e bisognava fare in modo che la *lapa* di un contadino potesse comodamente occupare lo spazio riservatole dal legittimo diritto locatario.

A fianco c'era un locale più piccolo, che un tempo aveva ospitato la cavalla del carrozzino di mio nonno, ma ora era il garage della Bellona. Veniva aperto qualche giorno prima del nostro arrivo dal meccanico di fiducia, che risistemava sotto il cofano la batteria, nel frattempo tenuta in carica, e la metteva in moto. Vi aleggiava un magnifico (per me) odore di scappamento. A quell'inebriante sentore di benzina bruciata, per me connaturato ai concetti stessi di *automobile* e *motore*, avrei ricollegato il concetto di "idrocarburi aromatici" quando li studiai al liceo.

La Bellona era una Fiat 1100 B, comprata usata dal povero fratello di mio padre nel 1956, qualche mese prima di morire, a 39 anni, per un maledetto infarto. Alla memoria di questo zio mai conosciuto, ma del quale sono omonimo (sarò l'ultimo col nome del Santo Patrono del paese ad essere alloggiato nella tomba di famiglia, dove già ce ne sono tre, compreso il bisnonno?) si legava l'affetto di allora, e ora si lega questo dolce ricordo, per quella cara automobile. La vernice non era più lucida, ma le forme tonde di quella Fiat (non per niente mio padre le aveva dato il nome di "Bellona") erano davvero armoniose; più di quelle delle grandi americane dei tardi anni '40 e primi anni '50 cui era ispirata. Ammiravo le proporzioni azzeccate, i parafanghi eleganti e il bel "sedere", vivacizzato dallo sbalzo per contenere la ruota di scorta. I fari davanti sporgevano con la classica forma a goccia, i posteriori erano piccoli e discreti. Una stecchetta per lato (ma non funzionavano!) avrebbe dovuto segnalare il cambio di direzione in aggiunta al lampeggiante laterale. Dentro era tappezzata di finta pelle marrone, crepata e non ben pulibile, impregnata, nei sedili posteriori, di sgradevole odore di benzina (odiavo la "cruda" quanto amavo la combusta). Sedile anteriore unico e cambio al volante a 4 marce. Volante sottile, di plastica beige, e clacson tondo centrale, con verso da corvo raffreddato. Velocità massima segnata sul tachimetro: 120 Km/orari, pochi ed inferiori a quelli della Brunilde, ma non disprezzabili, se fossero stati realmente raggiungibili (?).

Il più nitido ricordo della Bellona è quello delle lezioni di scuola guida che mio padre, poco paziente ed irascibile, impartiva a mia madre nelle strade di campagna più larghe o in quelle asfaltate ma poco frequentate. Col suo candore da nativa nel Nuovo Mondo, mia madre si esibiva in energici stacchi di frizione, con balzo felino ad ogni partenza da fermo, e soprattutto in solenni grattate di cambio, tutte - ma proprio tutte - le volte che doveva passare da una marcia all'altra, sia in progressione che a scalare. Ben presto mio padre, raggiunto il culmine del nervosismo e temendo il guasto fatale (se esistevano dei carri attrezzi erano a decine di chilometri di distanza e non c'erano telefoni in campagna), scendeva urlando e si sostituiva alla guida, dichiarando terminata la lezione. Noi bambini, dietro, soffocavamo le risate, un po' nervose, perché all'indubbio divertimento si associava una certa paura di finire fuori strada o contro un albero.

Che fine fece la Bellona? Fu rottamata? Molto più probabilmente fu venduta, o regalata a qualche contadino del paese o della nostra campagna. Il mio ricordo è sbiadito ed annacquato da quello di una sua "gemella", identica se non per il colore azzurrino, che fu alloggiata per anni, non marciante, in un magazzino della campagna dei miei zii, , assieme ad innumerevoli attrezzi agricoli fuori uso, poggiata su blocchetti di pietra, con il cofano probabilmente lasciato aperto dopo l'ultimo infruttuoso tentativo di riparazione. "*Si 'cci aggrippò u muturi!*"[1], diceva il massaro di mia zia quando gli chiedevo di accenderla. Perciò potevo salire al posto di guida, girare la chiave nel blocchetto, immaginando o facendo con la bocca il rombo, girare il volante, leggerissimo perché le ruote non toccavano terra, premere a piacimento il disco del clacson facendo *"peeee"* con la voce, senza dover sentire le irate lamentele dei miei genitori, schiacciare i pedali con le punte dei piedi e addirittura provare, inutilmente, a cambiare le marce. Come gioco non era male, devo ammetterlo. Ma non era la *mia* Bellona.

Sicuramente rottamata fu invece l'amata Brunilde, perché il danno causato dall'incidente era abbastanza rilevante e il preventivo del carrozziere superava di gran lunga l'ipotetica cifra ottenibile con la vendita. Poiché credo che anche a mio padre dispiacesse se-

---

1   *Gli si è grippato il motore!*

pararsene, anche dopo averla sostituita, Brunilde rimase parcheggiata vicino casa per un paio d'anni, con le magnifiche cromature che non si arresero alla ruggine dell'abbandono. Fu rimossa dal Comune e il genitore pagò, senza rancore, una bella multa. Nello spazio da lei occupato per tanto tempo, la sua casa di riposo, poterono finalmente parcheggiare altre auto. Quando, molto raramente, lo trovo libero e mi ci metto con la mia macchina attuale, non posso negarlo, un pensierino alla bella Brunilde ci scappa sempre.

Fichi e salame

L'estenuante trasferimento verso la Sicilia, nonostante l'ansia di mio padre di raggiungere al più presto l'amata isola patria, doveva per forza di cose avere delle soste calabro-lucane. La Brunilde aveva rapidamente sgroppato sull'Autostrada del Sole fino a Napoli e da lì si era raggiunta facilmente Salerno, con quella strana autostrada, stretta e tortuosa, con minacciose scritte bianche sui cavalcavia che la incrociavano: "TENERE LA DESTRA". Ma da Battipaglia in poi, finita modernità dalla doppia corsia per senso di marcia, si apriva al nostro percorso l'infinita serie di curve dei 430 chilometri che ci separavano da Reggio Calabria, o meglio da Villa S. Giovanni, porto dei traghetti per la Sicilia.

La sosta notturna avveniva spesso in graziosi alberghetti della Sila: ricordo, ad esempio, il nome di Camigliatello, in cui, durante la cena nel ristorante dell'albergo, incontrammo addirittura un parente di mia nonna, lo Zio Stefano, baffuto e corpulento rappresentante di articoli e ricambi per cicli e motocicli, che batteva tutto il sud a bordo di una Opel Rekord simile alla nostra, tranne che per il fatto di essere una station wagon (all'epoca si chiamavano più semplicemente "familiari"), riempita di scatoloni con alcuni dei prodotti del suo commercio. Fu una simpatica e ottima cenetta, con mio padre e lui che si concessero un meritato bicchierino finale ed alcune eleganti sigarette, cui lui aggiungeva, nonostante avessero già il filtro, un bocchino d'osso con anello dorato. Ci raccontò, con stile e vivaci descrizioni, alcune sue avventure di viaggio; era un tipo piuttosto piacevole e anche a Roma, ogni tanto, lo si andava a trovare la domenica, nonostante la distanza fra i nostri due quartieri: noi il Trieste-Africano e lui Monteverde Nuovo. Più di rado venivano a trovarci loro, per via della maggior difficoltà a spostarsi, avendo lo Zio Stefano un figlio disabile, Andrea, grande appassionato di Stanlio e Ollio e di vetture d'epoca.

Ma la notte in albergo, per noi bambini, non era sufficiente a sminuire l'angoscia, il "mal di macchina" di altalenante intensità e la noia per quella parte del viaggio. La Lucania e la Calabria ci apparivano come una specie di luogo strano e misterioso, un po' come certe ambientazioni delle favole dei Fratelli Grimm, delle cui traduzioni eravamo avidi lettori e ri-lettori. A volte la strada statale, che ricordo correre prevalentemente fra alti boschi e vallate di fiumi, era interrotta da una frana; le deviazioni ci facevano addentrare ancora di più in quel territorio remoto, in qualche caso fino a perdere i riferimenti sulla cartina stradale, che mia madre diligentemente cercava di decifrare, fra gli sbuffi nervosi di mio padre e le sue scalate in seconda marcia. Ricordo un vecchio, magrissimo, che arrancava al lato della strada, curvo sotto il carico di un'enorme fascina di rami ritorti, cui mia madre, calato il vetro del finestrino, si rivolse per un'informazione. Era tutto sudato, rosso in viso al limite della congestione: ciononostante, rispose gentile, per quello che il fiatone gli consentiva. Delle sue parole, ansimate in dialetto stretto, capii solo il nome della località che avremmo trovato proseguendo per quella deviazione: *Lauria!* Mia madre diede un'occhiata alla cartina e annuì, ringraziando con parole e sorrisi l'anziano contadino, nonostante anche lei non avesse capito quasi nulla della sua spiegazione.

Quando entravamo in qualcuno di quei paesini, la strada passava invariabilmente per la piazza principale, in genere deserta per la calura estiva o per l'orario. Mio padre rallentava la marcia, per vedere se c'era qualche bottega dove acquistare cibarie o l'indicazione per il distributore di benzina. A quel punto, come improvvisamente materializzati, comparivano, correndo, bande di ragazzini, strappati ai semplici giochi di strada; iniziavano a seguire la macchina, gridando divertiti ed eccitati e facendo a me, bionda faccia di bamboccio cittadino e continentale, ogni sorta di smorfia. Evidentemente, il passaggio di un'automobile, per di più grande, lucida e di marca estera, era per loro un vero evento, abituati a vedere solo quelle due o tre dei benestanti del paese. Alla fine, calmatisi, si profondevano in spiegazioni, mettendo finalmente in pratica l'italiano che la maestra insisteva a insegnar loro, su dove fosse il distributore di benzina, non sempre presente in paese e neanche nell'immediato circondario. Se c'era, era molto diverso da quelli consueti. L'insegna della casa petrolifera era visibile solo ad un occhio allenato e le colonnine della "normale" e della "super" si trovavano sul marciapiede, senza neanche una rientranza che facilitasse la sosta per il rifornimento: tanto, il traffico veicolare era quasi del tutto assente e, se per caso fosse passato un carretto a trazione animale, il conducente si sarebbe di buon grado fermato per una chiacchiera e per l'interessante spettacolo del rifornimento. Il gestore si trovava in genere in casa sua e veniva giù in strada, dopo essersi affacciato, solo se sollecitato ripetutamente col clacson. Per il resto era professionale e premuroso, fiero di azionare la pompa a mano, dopo aver diligentemente svitato il tappo e introdotto l'erogatore. Al termine, non scordava di tentare di pulire gli abbondanti moscerini incrostati sul parabrezza con un lurido straccio bagnato. Il risultato era di dubbia efficacia, ma mio padre non mancava di offrire, a mo' di mancia, non tanto una moneta, quanto un paio delle sue esotiche sigarette "Mercedes". Il tizio accettava invariabilmente e salutava con divertita cortesia. Una volta, un baffuto gestore della Esso ci regalò una graditissima pubblicità del "Tigre nel Motore", consistente in uno smilzo ma colorato giornaletto con un'avventura del Tigre stesso. Io e mia sorella lo leggemmo a turno, diverse volte, nella restante parte del viaggio. Alla fine lo sapevamo a memoria, ma lo conservammo ugualmente, nella tasca del sedile.

Altre strane occasioni per conoscere i bambini locali erano gli incontri coi piccoli venditori di fichi. Si appostavano al ciglio della strada, prima di una curva, in una posizione in cui potevano essere ben visti e in cui l'eventuale cliente potesse comodamente accostare. In lontananza se ne vedeva uno, di vedetta, che si affrettava ad allarmare i compagni non appena si accorgeva del rumore d'un motore di auto o camion in avvicinamento. Presto sarebbe comparsa la sagoma del veicolo, dalla curva precedente, e i compagni, interrotti i giochi, correvano a esibire ognuno la propria mercanzia. Si trattava di enormi fichi, per lo più neri, selezionati fra i più belli e dolci, e adagiati in gruppi di tre o quattro su grandi foglie delle stesse loro piante, appoggio adatto alle piccole mani dei venditori. Sulla bontà di quei frutti non posso garantire, perché pur mangiandone, come era obbligo, non erano certo, come invece sono adesso, fra i miei preferiti. Per la mia generazione, e nella mia famiglia in particolare, era un dovere imprescindibile non solo non lasciare alcunché sul piatto, qualsivoglia fosse la porzione assegnata, ma anche mangiare tutti, ma proprio tutti, i cibi che proponevano i genitori o gli altri adulti in caso di pasti in trasferta. Per quanto riguarda i fichi, tutti quei semini mi infastidivano leggermente, anche se molto meno di quelli più grossi dei fichi d'india, che ad ogni boccone rischiavano di provocare, assieme al forte aroma dolciastro, un disastroso conato. Perciò, diciamo che li sopportavo pazientemente, facendo diligentemente il compitino di mangiarne almeno uno o, se di piccole dimensioni, due esemplari. I miei genitori, invece, ne erano ghiotti e si fermavano invariabilmente a comprarli. I problemi erano due: dove metterli e come fare con i bambini successivi che, qualche curva più avanti, sarebbero rimasti oltremodo delusi dal nostro proseguire. Per risolvere il primo, mia madre improvvisava scatole con cartoni trovati in macchina o con giornali o riviste riciclate ad hoc e saggiamente rivestite con le stesse foglie che proponevano i bambini, per evitare il contatto delle bucce con l'inchiostro o coi collanti. Una volta, in mancanza d'ogni altra soluzione, i fichi furono alloggiati nel mio cappello di paglia. Data la mia spiccata avversione per quell'articolo, e del resto per ogni forma di copricapo, mi finsi offeso e riuscii a rifiutare, per il resto di quell'estate, con la scusa del contatto coi fichi, l'uso dell'odioso indumento. Il secondo problema era molto più difficile da risolvere, dato il cuore tenero di mia madre, ma in definitiva anche di mio padre. Io e mia sorella restavamo invece interdetti, quasi infastiditi, perché la realtà ci costringeva a confrontarci con dei nostri coetanei completamente diversi da noi: altro che fiocchi al collo, grembiuli, calzettoni candidi e lucidi sandaletti "con gli occhi" di *Caccetta*! Mutande o calzoncini sbrindellati, torso nudo e piedi scalzi erano la divisa di quei nostri coetanei alieni, forse pronipoti dei briganti che, con tutt'altre intenzioni, attendevano al varco i viaggiatori che si avventuravano per quelle strade un secolo prima. Per fortuna non ci dovevamo parlare: altrimenti la scena sarebbe stata simile a quella dei film di fantascienza, quando i verdi e in vario modo deformi umanoidi (il colore era immaginario, dato in bianco e nero della pellicola o comunque delle TV dell'epoca) scendevano dall'astronave e l'ufficiale dei marines si trovava a doverci dialogare. I miei decidevano allora una strategia random: se l'anno prima si erano fermati alla prima imboscata, l'anno dopo l'avrebbero fatto alla seconda, oppure alla quarta o alla terza, credendo così di spartire la benevolenza dei benestanti centro-nordisti sul maggior numero possibile di sfortunati bambini sudisti.

Ma una volta le cose andarono diversamente. Ci eravamo già fermati e avevamo sistemato nel bagagliaio uno scatolotto di cartone che avrebbe fatto, a Lentini, la gioia di mia nonna: " *'CChi su spiciali 'ssi ficu calabbrisi!*"[2]. Superata l'ennesima curva, vedemmo in lontananza un bambino davvero piccolo –avrà avuto quattro anni al massimo- che ci faceva segno di fermare la macchina. Mio padre rallentò, d'istinto, e dovette poi fermarsi del tutto quando dal bosco uscirono i suoi soci, poco più grandi. Al solito, proponevano i giganteschi frutti scuri, dal rosso contenuto, che s'intuiva appena attraverso lo spacco inferiore. Ma era l'aspetto dei bambini a ren-

---

2 *Questi fichi calabresi sono proprio speciali!*

derli irresistibili e ad obbligare alla fermata. Erano tutti bagnati, grondanti d'acqua dai lucidi capelli neri, tagliati cortissimi. Le gocce imperlavano le labbra sorridenti sui denti bianchissimi. Evidentemente stavano facendo il bagno nel fiume lì accanto. Con mio grande stupore, non avevano il costumino da bagno, ma delle semplici mutande, di quelle bianche che allora erano il modello unico per maschi, grandi e piccini. Quel particolare mi sembrava scioccamente scandaloso e credo che contribuì non poco anche alla decisione di mio padre di fermarsi una seconda volta. Mia madre gli comprò anche il rozzo cestino di vimini in cui i frutti, cosa rara, ci erano stati questa volta offerti.

- Che ci facciamo ora con questi altri fichi? – chiese mia sorella.
- Mi sembrano già belli maturi: mangiamoceli adesso, in viaggio – suggerì mia madre.
- Sì va bene, ma così... - osservò perplesso mio padre - ... a questo punto prendiamo del pane e del salame e ci pranziamo!
- Sì, Sì! – non trattenni il mio entusiasmo.

Quando si trattava di mangiare all'aperto, con le mani, in modo avventuroso, per me era un godimento poli-sensoriale. Ringraziavo mio padre cento volte quando la domenica ci portava a fare la "scampagnata" fuori porta, in un prato o sotto un albero, anziché andare al ristorante. Meglio ancora se il pic-nic era improvvisato, con rametti appuntiti col coltello per infilare le salsicce e brace fatta con legna trovata sul posto. Facemmo una deviazione verso un paesino, dove mio padre trovò aperta una botteguccia scura, dall'aspetto poco rassicurante, dove però potemmo trovare un grosso salame profumato e un bel pane di grano duro. Entrambi ci furono affettati e rimontammo in macchina col sostanzioso malloppo. Guardata la cartina, mio padre, con notevole intuito, scelse, nonostante non fosse vicino, di scendere verso il Tirreno: lo attraeva un nome "Terme Luigiane". In realtà alle terme, che erano qualche chilometro nell'entroterra, non ci fermammo e proseguimmo per il mare. Trovammo una spiaggetta di incredibili ciottoli multicolori, con acqua cristallina. Un isolotto-scoglio poco a largo della battigia rendeva il paesaggio ancora più interessante. Ci facemmo il bagno e poi, disposti i nostri fichi, il salame e le fette di pane su un asciugamano steso sui ciottoli della riva, ognuno prese quel che voleva, sedendoci a cerchio e gustando in silenzio quegli ottimi e genuini prodotti della Calabria. Il sole era forte ma, dopo quell'acqua fredda e pulitissima, il suo calore faceva piacere.

Purtroppo quel magnifico pic-nic di viaggio fu troppo breve: la Brunilde, anche lei rinfrancata dalla breve sosta, ci aspettava per continuare verso la Sicilia. Io e mia sorella ci restammo un po' male e, come consolazione, portammo via alcuni di quei bellissimi sassi colorati: bianchi, verdi, viola, rossi... Fuori dall'acqua, una volta asciutti, perdevano parte del loro splendore cromatico, ma li conservammo comunque, gelosamente, nel casotto di legno del nostro terrazzo di Roma. Molti anni dopo, per distrarmi da una sessione d'intensi studi universitari estivi, che amavo condurre in terrazzo, provai a verniciarne alcuni col coppale. Il risultato fu discreto: il colore si accese. Ma l'effetto non era certo paragonabile a ciò che videro quel giorno i nostri occhi, aperti nell'acqua bassa.

Tornammo molte altre volte, in altri viaggi, a quella spiaggia. Ma senza fichi e senza salame.

Arruanu!

Il passaggio sul ferry-boat era un'illusione, una trappola in cui noi bambini cascavamo sempre: "Vos et Ipsam Civitatem Benedicimus" diceva la Madonna all'imbocco del porto di Messina. Non so a che età fui in grado di capire consapevolmente il semplice latino dell'iscrizione alla base della statua. Ma anche adesso, ogni volta che la leggo, magari con in mano l'untuoso ma inevitabile arancino della ditta "Garibaldi" che servono sui traghetti, il messaggio psicologico di quella scritta, quello vero, al di là del significato letterale, con sfumature diversissime, dall'emozione dell'emigrante di ritorno alla curiosità del turista, era ed è: "Siete in Sicilia! Siete arrivati!"

Avete passato l'imbuto di mare, la dolce o amara giogaia per cui son dovuti obbligatoriamente transitare milioni e milioni di homo sapiens, dalla preistoria ai giorni nostri, per entrare in quella grande isola, in quella terra gravida di storia, di promesse, di tragedie, di spietato esercizio delle virtù e delle nefandezze umane. Una sensazione che si prova per ogni isola: curiosità e spirito d'avventura frammisti al timore claustrofobico di trovarsi confinati, limitati nella possibilità di movimento e quindi di fuga. Paradossalmente, questa emozione, anziché essere attutita per le grandi dimensioni della terra su cui stai per sbarcare, nel caso della Sicilia è esaltata, amplificata al suo massimo. Come i panni stesi sui balconi d'un caseggiato del cinema neorealista, ecco, involontari ma ineluttabili, i ricordi di Scilla e Cariddi, di Polifemo, dell'Opera dei Pupi, dei Vespri Siciliani, del fuoco eterno sulla bocca dell'Etna, della spatola che riempie di bianca ricotta il cannolo, dei mitragliatori che falciano i dimostranti a Portella della Ginestra, della mano che delicatamente sottopone il tondo di carta all'arancino appena fatto, del cratere autostradale di Capaci, del panorama dalla montagna di Cefalù, della manciata di terra negli occhi di compare Turiddu e del coltello di Alfio che affonda nel suo addome, dell'Africa, invisibile ma percepita nell'inconscio, quando guardi verso Sud dalle bianchissime spiagge di Capo Passero. Tutto questo, chi più chi meno, può percepire colui che legge quella scritta, arrivando per la prima o per l'ennesima volta in Sicilia, insieme al "Siete arrivati!"

Ma per noi bambini, la promessa della fine dell'interminabile viaggio in automobile non era che un imbroglio. Centoventi chilometri di "SS 114 - Orientale Sicula" ci separavano ancora dal traguardo. Ottanta di lentissimo procedere per paesi e paesini fra Messina e Catania, poi le estenuanti deviazioni della periferia portuale, il procedere a passo d'uomo – se d'estate- lungo il susseguirsi dei lidi del rettifilo della *Playa*, poi finalmente il ponte sul Simeto, la piana alluvionale di *Primosole*, il San Leonardo, la deviazione verso Lentini. Questa tortura automobilistica era per noi una delle cose peggiori dell'intero viaggio, forse proprio per colpa della precedente illusione del "Benedicimus".

Quando mio padre scalava dalla terza alla seconda, col famoso cambio al volante della Opel Rekord, alla fine del rettilineo della Via Etnea, e si entrava finalmente in paese, la gioia della fine del viaggio era fortemente attutita dallo sfinimento per quegli ultimi, interminabili chilometri siciliani. Eravamo tanto esausti, che ci facevamo sempre sorprendere dall'ultimo atto dell'opera.

A metà della salita che dai rioni del centro porta al confine meridionale del paese, verso Carlentini, il quartiere nominato "Supra 'a fera", mio padre metteva la freccia a destra ed entrava nello spiazzo da cui cominciava, con percorso uncinato, la Via Cardillo. Ricavato forse da un'antica, piccolissima, cava di pietra, lo spiazzo era limitato a destra da un alto muro di calcare irregolare, con capperi ed altre erbacce abbarbicati, sul quale erano appoggiati i bidoni strabordanti dell'immondizia. Al centro, scavato nel medesimo calcare, lo "scaluni" portava alla quota superiore, dove, subito a destra era la porta della casa costruita dal mio bisnonno, poggiata anch'essa sul calcare e poi finita dalla muratura verso il basso, a bordeggiare la salita. Il garage e il magazzino "Si Loca"[3] sottostavano l'edificio. Subito a destra della porta d'ingresso, uno dei balconi della casa sembrava un palco teatrale, dal quale si poteva controllare tutta la vita dello scalone, della strada, dello spiazzo.

Su quel balconcino, pazientemente seduti da ore e ore prima del nostro presunto arrivo, opportunamente posticipato da mio padre nella telefonata prima della partenza, nell'inutile tentativo di accorciare il periodo dell'ansia e di attutirne l'intensità, c'erano i miei nonni. Quando il muso dell'Opel faceva capolino, i due vecchi scattavano in piedi, mio nonno con la silenziosa lacrima di commozione che scendeva sulla guancia lievemente emiparetica e mia nonna non potendo trattenere le grida di gioia:

---

3   descritti in "Bellona"

"Arruànu, arruàno li gioi mei!"[4]

Salivamo lo scalone con qualche piccolo bagaglio, in attesa di scaricare seriamente la vettura e delle complicate manovre del suo parcheggio nel garage. Gli abbracci, nel piccolo ingresso, erano immediati ed impetuosi. Mia nonna, piccola e tonda, si avventava su di noi, ben alla sua portata, e ci sommergeva di baci. Poi ci allontanava per guardarci meglio:

"Bì, chi beddi!" "Ie cu vi fici accussì beddi!"[5]

Guardando rapita mia sorella, sua omonima:

"E cu' ié 'ssa cuosa ruci? Sangu miu!"[6]

Dopo avermi abbracciato e baciato cento volte di nuovo, quasi soffocandomi, mi fissava estasiata:

"Ganfaluni miu! Chi biunnu, pari n'ingglisi! Chi beddu, pari 'n Sant'Affiu!"[7]

---

4 *Sono arrivati! Sono arrivate le mie gioie!*

5 *Mamma, che belli! E chi vi ha fatto così belli!*

6 *E chi è questo pasticcino? Sangue mio!*

7 Gonfalone (immagine di santo o simbolo ornato del paese o dell'istituzione, da esibire in evento pubblico, cerimonia o processione) mio! Che biondo, sembra un inglese! Che bello, pare un Sant'Alfio (La statua di S. Alfio, patrono di Lentini e custodita nella chiesa madre, lo raffigura paffuto, con lunghi capelli biondi e occhi - e vistosi calzini – azzurri)

A putia (ed altri commerci alimentari)

La casa dei miei nonni sorgeva nel quartiere di Lentini situato più a Sud, arrampicato alle pendici calcaree della collina su cui fu fondato nel '500 il paese di Carlentini. Una strada principale a doppio senso, in forte pendenza, è collegata da stretti vicoli ad altrettanto strette parallele, per lo più a senso unico in salita o in discesa. Il quartiere è denominato *"Supra-a-Fera"* (Sopra la Fiera), forse perché in tempi antichi, magari nell'area del giardinetto pomposamente denominato *"A Villa 'a Badda"* ("la Villa della Palla") e nella contigua zona ove furono costruiti nel primo dopoguerra gli edifici scolastici, si teneva il mercato settimanale, *a Fera 'o Jovi*, ovvero la "Fiera del Giovedì", che dal tempo dei miei ricordi e fino ad oggi, si svolge invece in un'area più bassa della cittadina, nelle vicinanze del campo sportivo.

Ben nascoste fra le *casuzze* dei vicoli, prive di insegne ed altri riconoscimenti esterni, c'erano delle rivendite di generi vari, prevalentemente alimentari, *"I Putii"*[8], nuclei vitali del tessuto socio-economico del paese. Le prime volte ci ero andato con qualche cugino, per comprare di nascosto caramelle o liquirizie, e quindi conoscevo abbastanza bene la strada che conduceva ad alcune di esse. Se perdersi nei vicoletti era abbastanza facile, l'orientamento olfattorio aiutava senz'altro più di quello visivo: dalle *putii* fuoriusciva infatti un odore del tutto caratteristico, della cui composizio-

---
8 Botteghe

ne facevano sicuramente parte il formaggio stagionato, i detersivi, i salumi tagliati, le latte aperte delle sarde in salamoia.

La preferita di mia nonna, cui venivo inviato ogni tanto (lei non usciva mai di casa a causa di problemi di mobilità) non era la più vicina. Ci si arrivava dopo una discreta scarpinata, in salita, e la cosa si sommava alla mia timidezza e al sentirmi inevitabilmente "straniero", nel rendermi la missione alquanto sgradita. Ma a quei tempi disubbidire ai genitori, o peggio ancora ai nonni, era impensabile e quindi impossibile: "Mi raccomando – si sforzava di parlare italiano – *l'ova* devono essere *frischi*... e comprami *macari* una mozzarella, di quelle piccole, nelle buste della *Gabbani*...". L'ultima parte della frase era pronunciata sommessamente, girandosi per essere sicura che suo figlio non fosse nei paraggi. Sapeva infatti come mio padre andasse su tutte le furie, rimproverandola aspramente, quando la vedeva consumare quel prodotto "chimico", "finto", "di gomma", importato dal continente dopo lunghissimo percorso refrigerato nei famosi camioncini gialli con la scritta contenuta nell'ellissi bianca bordata di rosso. Perché non preferire il tradizionale, freschissimo e locale primosale, l'ottima *"tuma"* dei suoi ricordi infantili ed adolescenziali? Benché colto ed acuto filosofo, mio padre non riusciva, all'epoca, a cogliere la feroce aggressione della pubblicità televisiva, contro cui gli italiani del Sud, non solo i bambini, ma anche gli adulti e gli anziani, non avevano alcun anticorpo. Anzi, a causa del sottile complesso di inferiorità, erano e sono particolarmente soggetti alla persuasione della "modernità" alimentare. Mio padre, non arrendendosi mai, continuò fino alla morte ad amareggiarsi profondamente per le contaminazioni e le volgarizzazioni dei sacri cibi tradizionali siciliani. Con che smorfia di disgusto riconosceva il sapore nella mortadella dal primo morso alla fetta del super-classico *cudduruni*[9] di cipolle! Lo consoli, nell'aldilà, la tessera virtuale di socio ante litteram dello "Slow food", sezione "Chilometro Zero"!

La prima volta che varcai, lievemente ansante, la soglia del suo piccolo emporio-impero, *Donna Maruzza a Putiara*, mi squadrò con sguardo diffidente: chi era quel bambino con la faccia da tedesco, ben vestito e pettinato, col pugno chiuso su probabili monete? "*A 'cu apparteni?*"[10] gracchiò con voce nasale, senza neanche rispondere al mio saluto in italiano.
Una volta appresa la mia genealogia e capita la mia ordinazione, non solo la prima, ma tutte le altre volte che la venivo a trovare, si raccomandava di portare i saluti a mia nonna, tutto sommato ancora rispettata nel quartiere. Nonostante l'età e la perdita del prestigio economico, restava sempre la figlia di Don Puddu Ferrauto, uno dei più facoltosi possidenti e commercianti della Lentini a cavallo fra la fine dell'800 e i primi decenni del '900. L'importante, per me, era di far attenzione a non dire "due etti" ma "duecento grammi", per non rischiare di non essere compreso, e ricordarmi di non comprare le proibite *"masticogne"* (gomme americane) perché donna *Maruzza a Putiara*, invero non molto simpatica, avrebbe potuto fare la spia. Uscivo rapidamente e mi avviavo di corsa, per sottrarmi al sole, al caldo, al cattivo odore, ed anche agli sguardi e commenti dei bambini del vicolo. Nell'affrettato ritorno, mi con-

---

9   Focaccia ripiena, a doppio strato di pasta, cotto al forno
10 *Qual è la tua famiglia?*

centravo sulla meta: la protezione e la frescura del cortiletto interno alla casa del mio bisnonno, dove avrei potuto riprendere i giochi con Dino, mio coetaneo che abitava un'ala dell'edificio.

Per quanto riguarda mia nonna, le si farebbe però torto a non considerare adeguatamente la sua bravura nel far la spesa. Solo che la metteva in pratica, per necessità, senza muoversi che di pochi passi dal suo soggiorno o dalla sua cucina: dal balcone di casa. A parte il lattaio, che bussava tutte le mattine alla porta, travasando nelle nostre bottiglie un liquido bianco di dubbia qualità igienica (infatti veniva accuratamente bollito e il sapore, già scadente, peggiorava ancora) e spudoratamente annacquato, molti erano all'epoca i venditori ambulanti che spingevano i loro carretti a mano lungo la strada principale, sulla quale si affacciavano alcuni balconi della casa avita.

Le "vuci"[11] degli ambulanti erano differenti da prodotto a prodotto, con varianti canore individuali, alcune di vero pregio, per intensità ed intonazione. Anche a Roma se ne sentivano, ma assai più di rado, limitate ai gridi *"Straaaacciarolooo"* o *"Aaaarotinooo"*, al massimo una volta a settimana. A Lentini, invece, nelle ore antimeridiane era un vero concerto. Spesso, come nel canto lirico, sull'altare del volume sonoro e della modulazione del richiamo, veniva sacrificata l'intelligibilità della frase; questo non solo alle orecchie mie e di mia sorella, poco avvezze al dialetto, ma anche a quelle degli altri bambini locali. A volte l'equivoco veniva coltivato ad arte dai genitori o dai nonni: ricordo due miei cugini correre a nascondersi in luoghi inaccessibili della grande casa, quando passava il

---

11 Grida

venditore di cardi bolliti. *"Caaaarduni cuottiiii!"*: gridava l'ambulante. Ma la loro nonna li aveva convinti che cercava bambini cattivi da portar via, ovvero *"Caaaarusi tuostiiii!"*[12]. La malevola e interessata traduzione del grido, che la simpatica vecchia aveva loro propinato, costituiva un efficacissimo deterrente contro la vivacità e l'impertinenza dei due maschietti.

Udendo il richiamo del prodotto necessario, le potenziali acquirenti si affacciavano e davano prima un'occhiata e, se era il caso interpellavano il venditore: *"Salutamo! Avvicinnassi 'cca!"*[13]. Mia nonna si alzava dalla poltrona con insospettabile scatto, scansava col bastone *"cassina"* (semplice persiana arrotolabile di assicelle di legno che impediva al sole estivo di entrare nelle stanze ma non all'aria del mattino, ancora abbastanza fresca, di circolare) e si affacciava:
"S'abbinirica Signura Mariuzza!" rispondeva l'ambulante al richiamo di mia nonna *"Calassi 'u panareddu, 'cca uoggi iaiu cuosi spiciali!"*[14].

Se l'occhiata alla merce ed il prezzo proposto e contrattato la convincevano, la nonna effettivamente faceva scendere il cestino di vimini, della dimensione adeguata al genere da acquistare – ne aveva di due o tre formati-, lo faceva arrivare quasi alla portata dell'ambulante e lo calava dell'ultimo metro solo dopo che la merce era stata pesata, con la bilancia a mano, dal venditore. Questi allora riempiva il *panareddu* e attendeva che l'acquirente lo sollevasse, per

---

12 *Bambini cattivi!*

13 *Salve, s'avvicini pure!*

14 *I miei rispetti Signora Mariuccia; cali pure il panierino, ché oggi ho delle specialità!*

poi, ritirato il prodotto, inserire nello stesso cestino, che veniva nuovamente fatto scendere, i soldi per il pagamento.

Ma accadeva che, dopo i primi centimetri di trazione del cestino pieno, mia nonna lo ri-calasse immediatamente:
"A quali 'ddu chila! Chissi 'nsu mancu 'n chil'e menzu! 'U pissasi bbonu... annunca 'ssu pisci 'u 'ccattu 'ndi 'nautru!"[15].
"M'ascusari Signura! Capaci ca mi sciddicò 'u pisu! Cu' 'ssi manu fatti 'ri pisci..."[16].

Altre volte il cestino veniva rispedito indietro quando era stato completamente sollevato, una volta verificata da vicino la qualità della merce:
"A 'ccu l'addari 'ssa fitinzìa? 'Ssi persichi tutti fraciti sunu!"[17].
"A quali fraciti, Signura! Billissimi sunu! Ruci com' u zzuccuru! Ni 'ssaggiassi unu... Sulu 'na 'nticchitedda maturi! 'Un si suddiassi, 'ca 'ccii mettu a reci liri 'o chilu!"[18].

Dagli ambulanti si compravano, appunto, prevalentemente pesce, insalata e frutta. Dal macellaio si andava personalmente o ci si faceva portare la carne a domicilio, ordinandola per telefono. Altre verdure, frutta e ortaggi (in estate, quando eravamo in Sicilia, fichi, talli, pomodori, zucchine, peperoni, melanzane ed altro) venivano freschi dalla nostra campagna, secondo la stagione, portati

---

15 *Ma quali due chili! Questo non è neanche un chilo e mezzo! Lo pesi bene, altrimenti il pesce lo compro da un altro!*

16 *Mi scusi, Signora Mariuccia, deve essermi scivolato il peso... Sa, con le mani sporche di pesce...*

17 *A chi pensi di venderla questa schifezza? Queste pesche sono tutte marce!*

18 *Macché marce Signora! Sono ottime! Dolci come lo zucchero! Ne assaggi una... solo un pochino mature! Non volevo contrariarla, dai, che gliele metto a dieci lire al chilo.*

quasi ogni sera dal nostro *"iardinaru"* (uomo di fiducia salariato), quando tornava in paese con la motocicletta o con la *"lapa"* (Ape Piaggio); a volte portava un cestino coi peperoni già arrostiti in campagna e pronti per essere spellati e conditi. A mia nonna piaceva molto il pesce e spesso lo comprava dal balcone; in particolare era ghiotta di *"mucco"*, la neonata freschissima con cui si faceva la pasta o delle squisite frittelle. Un cibo acquistato sempre col cestino, prelibato ma assai più raro, erano le rane, *"i larunchi"*, tradizionale alimento dei lentinesi di una volta, quando il Lago di Lentini, palude descritta anche da Verga in alcune novelle, non era stato ancora bonificato e prosciugato e forniva, oltre alle zanzare anofele ed alla relativa malaria endemica, abbondanti quantità di questi anfibi. Per questo motivo, ai lentinesi era stato affibbiato, dagli abitanti dei paesi vicini, il soprannome dispregiativo di *"larunchiari"*. Fatto sta che, a differenza di altri bambini locali (figuriamoci i miei amichetti romani che si rotolavano dal disgusto al solo pensiero di mangiarne), a me le rane piacevano molto, specie se appena scottate alla brace e condite con uno spruzzo di limone e un filo d'olio: carne di sapore delicatissimo e fragrante, coscette da sgranocchiare, sicuramente meglio del pollo o di altri volatili di cacciagione.

Per acquisti di salumi e formaggi di maggiore qualità si andava, invece che alla *putia* di quartiere, da un salumiere "di classe", frequentato dalla crema della borghesia lentinese, per lo meno dai miei parenti abitanti nel raggio di mezzo chilometro. Era la bottega del *"Vitturisi"*, così appellato universalmente il proprietario, nonostante l'insegna e il nome "Salumeria Cardamone" stampato ben evidente sulla carta oleata e sui sacchetti di chi usciva del negozio. Era originario di Vittoria, cittadina del Ragusano, famosa per ortaggi, specialità casearie e vini? Probabilmente sì, e da li derivava il suo indelebile soprannome. Ma può anche essere che di Vittoria fosse il precedente proprietario o gestore della bottega e lui ne avesse solo ereditato il nomignolo. Il negozio era sempre pieno di gente; perciò diveniva ritrovo di conversazione delle signore della Lentini bene, dotato anche di un paio di sedie per le più stanche. Le snervanti attese dal *Vitturisi*, giustificate e sopportate dalla clientela solo per via dell'alta qualità dei prodotti e della non comune pulizia del locale, non erano però dovute alla loquacità del conduttore, a differenza di quanto avveniva in moltissime botteghe in tutta Italia. In quegli anni, infatti, il successo di un'attività di rivendita alimentare, vuoi che fosse panetteria, drogheria, pizzicheria o macelleria, era in gran parte decretato dalla verve e dalla simpatia di chi, da dietro il bancone, elargiva battute scherzose e complimenti alle vecchiette, sorrisi e occhiate seducentemente allusive alle belle cameriere e convinceva gli ingenui bambinotti come me che era inutile, come raccomandava mia madre, portare a casa i biscotti interi, "*'ché tanto quanno li magni mica li poi mannà giù sani!*". Queste simpatiche canaglie facevano la fortuna della propria impresa, o di quella del loro principale, e i clienti sapevano che la perdita di tempo per le chiacchiere varie faceva parte del gioco. Quest'arte del vendere, questo far del commercio al dettaglio un'occasione di socialità, la si può rintracciare anche oggi, nei vecchi negozi di paese, nei banchi di tradizione familiare dei mercati rionali e persino nella loquacità sgangherata degli extracomunitari che gestiscono i minimarket di quartiere, che nascono come funghi in alcune grandi città. A volte, un timido fiorellino di questa pianta rifiorisce anche fra qualche cliente abituale di supermercato ed una cassiera gentile, che cerca di farsi piacere il suo lavoro.

U' Vitturisi, invece, era timido e taciturno, ancorché molto professionale, e non dava molta confidenza a chi frequentava il negozio, limitandosi alla gentilezza, alla cortesia e ai saluti formali: da dove derivavano allora le incredibili lungaggini? Un po' dalla flemma con cui afferrava le mortadelle, i prosciutti e i provoloni, tagliava, puliva accuratamente i coltelli e l'affettatrice fra un servizio e l'altro con tovaglioli di carta (una rarità per l'epoca), disponeva le fette con geometrica regolarità e copriva gli strati con carte di diverso tipo. Era un bell'uomo, anche se, come inevitabile data la professione, leggermente sovrappeso, rasato accuratamente, con capelli neri naturali ben pettinati all'indietro. Insomma, una persona davvero distinta: non ti saresti stupito, vedendolo in un film di spionaggio, all'epoca di moda, smettere il grembiule, indossare soprabito e bombetta, prendere l'ombrello ed avviarsi per le strade fumose di Londra, anziché per quelle assolate della cittadina orientale sicula. Il sorriso che ti rivolgeva al termine del confezionamento era di soddisfazione per aver compiuto il servizio, ma anche di leggera vergogna e di ricerca di compassione per ciò che sarebbe seguito, la vera causa delle lunghe attese nella sua bottega: il conto! Al termine di ogni pesata, trascriveva il numero dei grammi sia sulla carta esterna di ciascun pacchetto, sia, in colonna, su un grande foglio di carta gialla a parte, che, dopo il pagamento, avrebbe inserito, a mo' di scontrino, nella sporta di vimini o di stoffa che la cliente gli porgeva. Ma, fra il termine del confezionamento e questo finale di partita, si svolgeva il calvario del *Vitturisi*: le stazioni della sua passione erano sia le moltiplicazioni fra il prezzo del genere alimentare ed il suo peso, sia la somma dei vari prodotti. Quando riponeva la matita all'orecchio, si asciugava la fronte col pulitissimo fazzoletto che estraeva dalla tasca posteriore dei pantaloni: e la sudata non era certo dovuta al caldo. Nel consegnarti pacchetti e conto, il sorriso era forzato. Se per le serve analfabete la protesta per gli errori era posticipata alla successiva visita della padrona, per le clienti che sapeva scolarizzate si preparava alla possibile contestazione, in caso di sbaglio in eccesso, e si angosciava per la possibile perdita, per l'eventuale errore in difetto. Capito presto il meccanismo, io - signorino tutti 10 e un 9 in condotta - mi munivo di un block-notes e di uno spezzone di matita ogni volta che accompagnavo mia madre dal *Vitturisi* o ci andavo da solo. Mentre lui sudava, provando e riprovando a comporre i numeri, borbottava e dimenava le dita, io procedevo rapidamente alle medesime operazioni, avendo annotato i pesi e ricavato i prezzi dai cartellini. Terminavo il calcolo assai prima del salumiere e gli passavo il *pizzino* sopra il vetro del bancone. Lui lo afferrava senza guardarmi, lo piazzava a lato del suo conto e modificava o copiava. La sua riconoscenza si traduceva in un pezzetto di formaggio fresco che mi porgeva sulla punta del coltello o in un cartoccetto di olive nere, di cui ero ghiotto.

"*Talìa 'cchi 'spertu 'ssu picciriddu!*"[19] era il commento degli astanti, che gonfiava il mio orgoglio ed alimentava la convinzione, probabil-

---

19 *Ma guarda che bravo e furbo questo ragazzino!*

mente nociva per il futuro, che lo studio e la cultura si possano tradurre in vantaggi pratici, nella vita e nella carriera.

Circa dieci anni fa, in una delle indaffaratissime settimane estive, cui purtroppo è limitata la mia attuale frequentazione della Sicilia, avevo parcheggiato in una stradina, nei pressi della zona più moderna e commerciale del paese. Tornando alla macchina, per evitare altri giri e dovendo comprare del formaggio da portare a Roma, entrai nel negozio a pochi passi dalla vettura. Incredibile! Un bel vecchio, coi capelli bianchi pettinati all'indietro, mi accolse con un sorriso: era lui, *U' Vitturisi*! Erano passati quarant'anni ma lui era miracolosamente quasi immutato, col grembiule immacolato, dietro un pulitissimo bancone, il cui vetro faceva trasparire un assortimento di ogni ben di Dio. Oltre al tradizionale formaggio col pepe, che mi feci confezionare in pezzi sottovuoto per meglio conservarlo nel viaggio, ordinai degli affettati, per i panini che avremmo consumato al mare. Li tagliò con l'accuratezza di un tempo e li dispose su carta oleata, con strati di plastica per alimenti fra una fila di fette e l'altra. Poi adagiò il tutto su un largo foglio di pellicola di alluminio che ripiegò su se stessa congiungendone i bordi, in modo da ottenere un pacco piatto e non sconvolgere l'ordine delle fette. Sistemò le varie cose con accuratezza in una busta di carta coi manici, le più pesanti di sotto. Poi azionò soddisfatto, guardandoli con la parte inferiore delle lenti dei begli occhiali multifocali, i pulsanti della bilancia elettronica, nella quale è sufficiente aver selezionato man mano il prezzo di ciascun prodotto per ottenere lo scontrino provvisorio. Esibitolo, copiò la cifra sulla tastiera della cassa, per emettere lo scontrino fiscale, che inserì nella busta, in attesa del mio denaro. Ci fissammo: possibile che mi avesse riconosciuto anche lui? Fatto sta che distolse lo sguardo per un istante, e lo diresse verso la boccia delle olive nere. Poi sorrise e mi guardò di nuovo negli occhi.

Api, Vespe e Motom

La casa dei miei nonni, a Lentini, nonostante la porta d'ingresso fosse in cima allo scalone con cui iniziava la "U" teorica di Via Cardillo (per la maggior parte percorribile solo a piedi), porgeva il fianco alla strada più larga, stretta ma a doppio senso, Via Carlo Rosselli. Questa decisa salita, il cui nome era testimonianza di amministrazioni laico-socialiste della cittadina, costeggiava il lato principale della casa. Uno dei motivi che indussero mio padre a restaurare la nostra parte della casa di campagna e a trasferire lì la nostra residenza nei soggiorni estivi siciliani, fu il rumore proveniente dalla strada stessa in molte ore della giornata. In tarda mattinata e nel pomeriggio, gli urli dei venditori, le chiacchiere ad alta voce delle comari da un balcone all'altro e il passaggio di rari veicoli quasi non disturbavano. Un po' più fastidiosi erano gli altoparlanti sui furgoni dei venditori di casalinghi. Le loro cantilene in siciliano, distorto dalla qualità del diffusore, ci facevano capire ben poco: molti anni dopo, avendo ascoltato in alcuni paesi arabi il richiamo alla preghiera dei muezzin, dall'alto dei minareti, non ho potuto fare a meno di associarvi le grida siciliane per vendere bacinelle o varechina. Più intelligibili i messaggi dai camioncini dei rivenditori di materassi: *"Abbiamo i materassi per culla, i materassi di gommapiuma, i materassi a molle... con i cuscini millecinque!"*. Mia nonna rimase vittima della pubblicità stradale e ne acquistò due di gommapiuma, caldi e mollicci ma senz'altro più moderni di quelli classici di lana e piuttosto duraturi. Credo siano ancora nella nostra casa di campagna assieme alle relative reti!

Più discreto ma assai più martellante ed ossessivo, in quanto non limitato alla strada principale ma diffuso anche nei vicoletti del circondario, era il suono del mangiadischi attaccato all'altoparlante dell'Ape del gelataio ambulante. Per un'estate intera fece suonare l'unico disco che evidentemente possedeva *"...la notteee, la notte io non dormoooo... con i tuoi occhi verdi, che non mi lasciano maiii!"*. Non so se per antipatia verso il ritornello, minaccioso in relazione alla sua insonnia lentinese, o per la scarsa fiducia nei confronti dell'economicissimo prodotto, mio padre ci aveva tassativamente proibito di prendere il gelatino dall'ambulante. Una volta, di nascosto, con sole 20 lire, trafugate da qualche resto, corremmo al carretto e ci prendemmo due belle coppette al cioccolato: volume notevole ma qualità infima.

Ma il frastuono maggiore, quello per cui mio padre, al momento di andare a dormire, si preparava accuratamente le più varie - ma poi inutili - fogge di tappi per le orecchie, erano gli scarichi dei motori dei veicoli in salita. Paese agrumicolo per eccellenza, a Lentini l'estate non è certo stagione di vacanza: proprio quello è il periodo in cui le piante d'arancio necessitano del maggior accudimento. I contadini che abitavano in paese partivano per le campagne all'alba, per iniziare *u ttravagghiu co' friscu*[20]. La bicicletta, tanto diffusa nella pianura padana, era impraticabile per l'orografia del territorio. Nessuno aveva ancora l'automobile, pochissimi i nostalgici del carretto o del calesse, a trazione animale. La maggior parte

---

20 lavorare col fresco.

dei lavoratori agricoli si muoveva con mezzi a due o a tre ruote. Fra questi ultimi, poderosi ma costosi ed usati più che altro dai muratori, erano i motocarri Guzzi, dotati del famoso monocilindrico orizzontale quattro tempi 500 cc, prodotto per quarant'anni dalla casa di Mandello Lario e utilizzato anche per le moto, fino al mitico Falcone 500, prima e per lungo tempo unica "motopesante" italiana. Ma il mezzo assolutamente più diffuso era l'Ape Piaggio (*a lapa*). Era (ed è) un veicolo assai versatile, con due posti nella cabinetta e spazio abbondante nel cassone, per il trasporto di materiali vari, dalle cassette d'arance ai sacchi del concime, dalla motozappa personale per i lavoretti "conto terzi", ai membri eccedenti della famiglia nei giorni di festa. Il cassone stesso poteva essere adornato, da chi usava l'Ape per scopi "leggeri" e sapeva curare il decoro del mezzo, con sponde realizzate come quelle dei classici carretti siciliani, ovvero con le coloratissime gesta dei paladini, gli stessi dei "pupi", intagliate nel legno. Il motore a 2 tempi, con avviamento a leva all'interno dell'abitacolo – dagli anni '70 elettrico -, semplice e relativamente potente, assicurava prestazioni altamente efficienti e facile riparabilità.

L'Ape, in realtà, era la sorellastra della Vespa, geniale intuizione di Corradino Ascanio, che da una leggendaria rimanenza di motori ausiliari per l'avviamento degli aerei americani, nell'immediato dopoguerra concepì il loro collegamento diretto ad una piccola ruota posteriore e l'incapsulamento del tutto in una scocca portante in lamiera: ecco l'invenzione dello scooter, tuttora imperante sulle nostre strade.

Le modifiche estetiche alla Vespa, che nel continente andavano nel senso di una maggiore comodità, con l'applicazione di parabrezza, portapacchi, protezioni laterali, tappetini in gomma o pedane per le signore passeggere che volevano "sedere all'amazzone", in Sicilia erano invece tese principalmente a conferire al mezzo maggiore sportività ed aggressività. Andavano dall'abolizione degli sportellini dei fianchi e della ruota di scorta, all'applicazione di manopole anti-scivolata con le borchie in acciaio, fino all'asportazione di fette dello scudo anteriore nell'intenzione (sicuramente illusoria) di conferire maggior sprint, attraverso la riduzione del peso e della resistenza aerodinamica.

Ma le modifiche più perniciose riguardavano la "power-unit". La maggior parte delle Vespe e delle Api circolanti a Lentini negli anni sessanta (e seguenti), per aumentare almeno un po' le prestazioni, avevano lo scarico sturato. Questo era il punto di partenza per "truccare" il motore, con successivo passaggio ad aumento del diametro del carburatore, abbassamento della testata, aumento della cilindrata con ri-alesatura. Più complicato era agire, come negli altri "normali" motori a 2 tempi sul diametro delle luci di aspirazione, poiché in quello della Vespa (e Ape), questa era comandata da una valvola rotante che faceva immettere la miscela direttamente nel carter. Fatto sta che il risultato sonoro dell'intervento su quei motori era comunque devastante, soprattutto in salita, dove i mezzi, prima lanciati sul falsopiano col gas alla massima apertura, erano poi costretti, proprio davanti alla casa dei miei nonni, ad uno o più scalate di marcia, con relativa abbondante sgassata nel passaggio. Ma anche in discesa, il suddetto meccanismo di aspirazione a valvola generava, col gas chiuso, il classico "Rapp..ppa....ppa......ppa.......ppa" dei motori Piaggio che, a causa dello scarico aperto, provocava nelle orecchie nevrotiche di mio padre l'effetto di molteplici botti da festa patronale.

Più discreto, anche se amplificato, il frullare del piccolo 4 tempi 48 cc di un'altra leggenda della motorizzazione italiana del secondo dopoguerra: il ciclomotore Motom. Verniciato rigorosamente solo di rosso, aveva un telaio semplice e robusto, con un trave obliquo cui era appeso il motore, col piccolo cilindro raffreddato ad aria ed un voluminoso carter alettato, somigliante al gozzo di un pellicano. Il piccolo serbatoio, del resto sufficiente per i consumi davvero minimi, era fissato sopra il trave. Il sellino singolo poteva essere sostituito da una più lunga sella biposto per trasportare – teoricamente proibito su un ciclomotore - il passeggero. Altre frequenti modifiche erano l'asportazione dei pedali da bicicletta, che uscivano di serie (l'avviamento avveniva allora o a strappo o con un finto "kick-starter" sull'asse dei pedali), e il ribassamento "sportivo" dello sterzo. Se ben ricordo, su di esso, alto e largo o basso e stretto che fosse, restava però, sulla sinistra, una strana coppia di leve: una per la frizione del classico cambio a manopola a tre marce e l'altra per il freno posteriore.

Tutte le modifiche erano per far assomigliare di più il piccolo Motom alle motoleggere, da 125 cc a 250 cc, che conferivano ai proprietari uno status superiore: non di semplice proletario che utilizza un mezzo per andare e tornare dal lavoro, ma di "sportivo", appartenente ad una vasta platea che poteva contemplare, oltre al suddetto lavoratore con desiderio di emancipazione, anche il sedicenne di buona famiglia; oppure ancora il parassita nullafacente da bar, davanti al quale la moto era parcheggiata in obliquo, per ottenere il massimo dell'effetto, fino al poco di buono, lenone o piccolo malvivente (vedi la mitica scena finale di "Accattone" di Pasolini). Data l'incredibile longevità delle robuste 4 tempi italiane di tutte le marche – dalla Guzzi alla Gilera, dalla Morini alla MotoBi, dalla Benelli alla MV Agusta – il giovane lavoratore, che aveva sedotto con la motoleggera la ragazza del cuore, aspettandola sotto casa dopo essersi pettinato il ciuffo, e ne aveva fatto la sua consorte, si ritrovava dopo molti anni, già nonno, a usare ogni mattina la stessa amata-odiata piccola moto della sua giovinezza. Ricordo un contadino della nostra campagna cui una MV 125 durò oltre trent'anni e resistette perfino ai colpi di zappa che l'irato proprietario-amante gli assestò un pomeriggio in cui, per colpa della candela esausta, il motore non voleva saperne di partire:

- *Buttana! Uora t'ansignu 'o tò duvìri! Ai 'a ffari chiddu ca vògghiu iù!*[21]

Scapparono in tutte le direzioni i suoi spelacchiati canetti, bastardini teoricamente addetti alla caccia al coniglio. Accorsero invece gli altri contadini, interrotti nelle loro "toilette" pomeridiane di fine lavoro, prima del ritorno in paese, pensando che il massaro stesse malmenando una misteriosa donna che teneva segregata nel magazzino. Quando videro i resti della motocicletta sul pavimento e l'autore del misfatto pentito e singhiozzante, si limitarono a chiudere il rubinetto della benzina – *annunca 'cci scappa u focu*[22] – e a consolare il "moticida".

---

21 *Puttana! Ora te lo insegno io il tuo dovere! Tu devi fare quello che voglio io!*
22 *Sennò parte un incendio.*

Ridotta com'era dalla follia distruttiva del proprietario, ci aspettavamo che la povera Meccanica Verghera, caricata nel pomeriggio stesso sul cassone della *lapa* di un altro contadino, fosse portata ad uno sfascio e venduta a peso come ferrovecchio.

E invece, dopo una settimana, ecco il contadino arrivare in campagna, emozionato dal ravvedimento, di nuovo in sella alla sua scoppiettante e antica amante bi-ruota. La vegliarda rosso-scura era stata addirittura lavata e, per quanto possibile, lucidata: portava una vistosa cicatrice di saldatura sul serbatoio, la sella rifoderata ed un riuscito trapianto di faro + marmitta, prelevati da una sfortunata Gilera chissà quando deceduta e cannibalizzata, eseguito da un crudele ma valente meccanico lentinese.

Asso piglia tutto

Chi può occuparsi con maggiore affettuosa dedizione della formazione di un bambino? Soprattutto nel caso di un maschietto, sicuramente il nonno, se si ha la fortuna di averlo a disposizione.

I padri sono troppo occupati, fanno scelte influenzate dall'emozione ansiosa di trovarsi a compierle per la prima volta; ricordano le angherie subite nell'infanzia e sono indecisi se replicarle in quanto formative o ribaltarle perché nocive. Nel dubbio, spesso rimandano, demandano alla madre, fanno finta di niente: osservano i propri figli dello stesso sesso e sperano che il fiume della vita li trascini in modo proficuo e regolare, quasi ignari del proprio ruolo e dell'esempio costante da loro rappresentato.

Il nonno, invece, ha più tempo e non sente le responsabilità mordergli le caviglie. Il sentimento affettuoso nei confronti del cucciolo della sua stirpe può liberamente fluire dal suo cuore e il fatto di non dover lavorare lo fa entrare più facilmente nella dimensione più gradita al bambino: quella del gioco.

Il mio nonno paterno, infatti, m'insegnò a giocare a carte. Si usavano, naturalmente, quelle siciliane, lieve variante delle napoletane. Entrambi i tipi, a volerli esaminare con distacco artistico, sono dei veri capolavori dell'arte e del simbolismo. Chissà chi e in che epoca disegnò per la Dal Negro di Treviso, o per le altre fabbriche, quei meravigliosi quadretti e chissà in che misura copiò modelli precedenti e in qual altra, invece, ci mise della propria fantasia? Chissà se aveva previsto l'emozione che quelle carte possono provocare in un bimbo le prime volte che le osserva? Chissà se era conscio dell'ambiguità di quella figura con valore "otto": era senza barba e baffi e aveva un corpetto lievemente rigonfio sul petto. Ma perché, se era una "donna", non raffigurarla con un bel vestito lungo e magari con collana e orecchini? E, viceversa, se era un "fante", perché invece che con la calzamaglia, i pantaloncini a sbuffo e quel ridicolo e sottile spadino, o col simbolo del proprio seme, non è equipaggiato come si conviene ad un vero soldato?

Mio nonno mi insegnò per primo l' "Asso Piglia Tutto": il meccanismo, forse eccessivamente elementare, non mi impediva di provare l'emozione della partita, del gioco, della drammatica alternanza del "vincere o perdere", che simboleggia le vicissitudini della vita, i continui scalini da superare, i ripetuti bivi che ci impone la necessità di dirigersi dall'una o dall'altra parte. Ignaro di tutti questi reconditi significati, sfidavo la pazienza di mio nonno, chiedendogli di giocare un'altra partita, poi ancora e poi di nuovo ancora e recalcitravo un po', nonostante la curiosità per un nuovo gioco, quando lui introdusse progressivamente le regole della scopa, miglior modo per far esercitare uno scolaro con l'aritmetica elementare, e addirittura della briscola. Era sempre bonariamente sorridente nel correggere le mie ingenuità, saggio nel conteggiare equamente le complicate (per me) regole della "primiera", magnanimo nel concedermi che per quella mano valeva l' "ultima" – perché la presa finale era stata mia - e non la primiera stessa e contento della mia gioia trionfante nel calare, ad esempio, il favoloso e splendente "settebello" di presa.

Si chiamava Luigi, mio nonno, e quando lo conobbi io, ovvero quando la sua figura si stabilì nella mia coscienza e si installò nella mia memoria, era stato già colpito, svariati anni prima, da un ictus cerebri lieve, che gli aveva provocato un'emiparesi davvero leggera e fatto calare l'angolo del labbro. Camminava lentamente ma equilibrato, con l'aiuto, non costante, di un bastone. La parola non era stata intaccata e con me si esprimeva con brevi e tranquille frasi in italiano, mentre con mia nonna e mio padre, naturalmente, in siciliano stretto. Non l'ho mai sentito alzare la voce, tranne che in un tragico pomeriggio di discussioni intra/inter-familiari: forse perché glielo aveva imposto il luminare siciliano di medicina interna con cattedra a Roma (omonimo dei gustosi torroncini) che lo teneva in cura? Costui, dopo l'apoplessia, gli aveva trovato la pressione arteriosa a livelli da auto sportiva (210 su 130) e una fibrillazione atriale ben consolidata. Privo, all'epoca, di efficaci farmaci anti-ipertensivi ed antiaritmici, il luminare gli aveva prescritto il Nicotene (acido nicotinico o niacina o vitamina B3 o ancora vitamina PP), farmaco oggi del tutto dimenticato, ma che può ridurre il colesterolo e avere effetto vasodilatatorio, e il Tefamin (teofillina), oggi semmai utilizzato come broncodilatatore negli asmatici piuttosto che per il suo potere blandamente anti-ipertensivo. Come rimedio classico, gli aveva prescritto anche salassi, sanguisughe e coppettazioni (salassi sottocutanei), che riporto perché raccontate da mio padre come provvedimenti eroici del periodo immediatamente successivo alla crisi cerebro-vascolare e non, per fortuna, per avervi direttamente assistito. Ricordo invece le pratiche cui mio nonno si sottoponeva con precisa e paziente quotidiana applicazione: i maniluvi e pediluvi caldi tre volte al giorno (vasodilatazione periferica per far abbassare la pressione arteriosa) e la dieta morigerata, cui Luigi, gran mangiatore come molti antecedenti e successori della sua stirpe, si piegò con mansueta e rassegnata applicazione. Ridotto il volume dei piatti di pasta, limitato il formaggio a piccole porzioni, le olive a due di numero al giorno e le fette di pane di casa (di grano duro) a quattro, aveva smesso con le fantasiose ma gustosissime colazioni di quando partiva all'alba del lunedì, col carrozzino, per la campagna. Mio padre raccontava di esser stato spesso svegliato, da piccolo, ancor prima dell'alba, dal profumo e dallo sfrigolio della padella, in cui Luigi si soffriggeva i fagioli avanzati dal giorno prima, assieme a pane raffermo sminuzzato e pezzetti di salame. Le sue colazioni cui assistevo io erano invece di solo *pani 'ccu latti*, nella fissa porzione della ciotolina azzurra, e due dita di caffè, versato dalla napoletana piccola. Un giorno a settimana doveva mangiare solo verdura: l'osservanza religiosa di questo precetto del luminare e l'abbondanza di materia prima dalle nostre campagne si traducevano in piatti spropositati, per lo meno ai miei occhi di bambino scarsamente amante della dieta vegetariana. Quando in seguito, da adolescente, ballavo un lento al suono di "Montagne Verdi", le mie mani cercavano di scendere quanto più possibile dai fianchi della ragazza di turno, ma il pensiero, forse per smorzare un po' l'eccitazione, il cui effetto sul mio centro-sud poteva lusingare la dama ma anche infastidirla, andava alle piramidi di verdura sul piatto di mio nonno.

Luigi non aveva una biblioteca: i soli libri della grande casa erano quelli letti da mio padre da ragazzino, prima di partire per il collegio e l'università. Ammassati in un soppalco dello stanzino, erano lì a prendere solo polvere. Io ci andavo a curiosare ogni tanto, utilizzando una bizzarra scala pieghevole a pioli snodati, e tiravo fuori qualche romanzo ingiallito o i manuali di ginnastica o per la difesa della razza ad uso del fanciullo fascista. Fu in uno di quegli scatoloni che trovai, con conseguenze immaginabili per il mio tenero sederino, una Beretta calibro 9, nel suo fodero di cuoio, arma da guerra affidata da qualche parente per nasconderla fuori da casa sua.

Quando però aveva qualcuno dei nostri libri a portata di mano, mio nonno, in silenzio e con discrezione, si metteva gli occhiali e cominciava a leggere. Robin Hood, Ivanhoe, I Tre Moschettieri, David Copperfield: i grandi classici per ragazzi che ci portavamo da Roma, ben tradotti, con pochi tagli rispetto all'originale e belle tavole illustrative. Mio nonno era rimasto orfano di madre a otto anni: in mezzo fra due fratelli uno dieci anni più grande e uno sei più piccolo, era cresciuto nella casa di campagna, coi mezzadri e i contadini, interrompendo la scuola e prendendosi la licenza elementare da privatista. Scriveva con lentezza e grafia tremolante, brevi periodi, nelle risposte alle lettere settimanali di mio padre, in un italiano molto semplice, con frasi di maniera: te lo saresti aspettato lento anche nella lettura. Invece, dopo un paio di giorni, rimetteva a posto il romanzo sulla parte di scrivania dove noi impilavamo i libri e i quaderni dei compiti per le vacanze:
- L'hai letto tutto, nonno?
Rispondeva con un sorriso un po' imbarazzato e un cenno di assenso, piegando il mento.

- T'è piaciuto?
- *Bonu!* – rispondeva di solito. Oppure – *Assai!* – se era stato particolarmente gradito. Poi dava un'occhiata agli altri volumi sulla scrivania:
- Questo l'avete letto? Lo posso pigliare io?
- Sì, nonno, l'ha letto Maria, io non ancora, ma intanto ho l'altro. Leggilo pure.
Con un sorriso di gratitudine, il libro in una mano e il bastone nell'altra, tornava alla sua poltrona vicino alla porta-finestra.

Altri momenti indimenticabili in compagnia di nonno Luigi erano le favole di *Giufà*, sempre le stesse tre, che non ci stancavamo di chiedere ed ascoltare, a giro: ci piacevano perché parlavano di altri tempi, di saggezza e furbizie della società contadina, immutato nocciolo della cultura italiana, nonostante gli impetuosi ma effimeri venti della modernità consumistica e tecnologica. Una di queste, forse la più gettonata, quella dell'uovo e delle pagnotte, la ricordo ancora e l'ho raccontata ai miei figli nella loro infanzia. Così come ho somministrato loro l'incantevole gioco dell'indovinello sul numero delle dita premute sulla schiena del bambino, dopo la filastrocca ritmata da dolci colpetti col palmo della mano alternati sulla schiena stessa e sul culetto. Mio nonno la cantilenava in dialetto stretto:
- *Nìnghilinnòla-nòla-nòla, quantu ietta la capriola*[23]?
A questo punto il bambino deve dichiarare di quante dita percepisce la pressione. Ad esempio:

---

23 *Nonsense* intraducibile.

- Due! – E quindi, dopo un attimo di "suspence", arriva la sentenza del nonno:
- *Dui ricisti? 'U jocu... vincisti!* - piccole pacche di felicitazione sulle spalle - *Su tri ricèviti 'u jocu pirdèviti...*[24] - sempre accompagnando con piccoli colpetti sulla schiena e sul sederino. Che invece veniva colpito con intensità un poco superiore, a mo' di bonaria punizione, in caso di errore:
- *Dui ricisti? 'U jocu... pirdisti! Su tri ricèviti 'u jocu vincèviti!*[25] – E poi, senza interrompersi, sempre ritmando, con tono piano e monotono, vivacizzato solo al momento della dichiarazione di vincita o perdita, si ricominciava:
- *Nìnghilinnòla-nòla-nòla, quantu ietta la capriola?*

Ci saremmo stati ore e ore, sulle sue ginocchia, o sdraiati sul lettone con lui accanto, a fare questo meraviglioso gioco, concentrato di nenia, quiz e stimolazione fisica.

Un argomento su cui il nonno Luigi era piuttosto reticente era la guerra. Io ero infarcito della retorica sul Risorgimento e sulla Grande Guerra, che ci veniva ancora somministrata a piene mani nella scuola primaria, nonostante la terribile batosta nella Seconda Guerra Mondiale, o forse proprio come suo bilanciamento consolatorio, tipo: "Quest'anno abbiamo perso il derby 4 a 0, ma nel 1967 vincemmo noi per 6 a 1!". Da Pietro Micca si passava ad Amatore Sciesa, fino ad arrivare a Nazzario Sauro ed Enrico Toti. "Il Piave mormorava" ci veniva suonato e insegnato al pianoforte della maestra di canto e "Il Memoriale della Vittoria", ovvero il proclama "Fir-

---

24 *Hai detto due? Hai vinto il gioco! Se avessi detto tre, avresti perso il gioco!*
25 *Hai detto due? Hai perso il gioco! Se avessi detto due, avresti vinto il gioco!*

mato Diaz", ci veniva letto o fatto leggere alla vigilia o subito dopo il "Ponte dei Morti", che si concludeva appunto col 4 di novembre, anniversario della vittoria nella Prima Guerra Mondiale. Chi meglio di mio nonno, che l'aveva fatta tutta quanta, poteva raccontarmi qualche eroico episodio di quella magnifica epopea?

In realtà Luigi di anni di militare ne aveva fatti addirittura più di otto, fra leva obbligatoria di ventiquattro mesi (1910/1912), Guerra di Libia (1912), quarantena per il colera del suo reggimento e Prima Guerra Mondiale (1915/1918). Era riuscito a sopravvivere ad atrocità insensate, orrori, malattie (polmonite da Spagnola) e avversità, da soldato semplice fino a caporal-maggiore, addetto alla sussistenza. Di certo la sua concezione degli eventi bellici non coincideva con quella degli "Orizzonti di Gloria" che propinavano a noi scolari. La sua visione, come quella di milioni di altri poveracci inviati al fronte, era quella del contadino che vede il suo campo assalito dalla tempesta, dalla grandine o da altri cataclismi climatici, eventi ineluttabili cui saper resistere. Preservare qualche pianticella, anche piccola, dalla quale, con la bella stagione, farne germogliare di nuove. Per questo mio nonno non voleva saperne di raccontarmi gli episodi di battaglie, di bombe e di baionette, che avrei voluto ascoltare io. L'unica storia che veniva fuori dalle sue labbra era quella del freddo: così intenso, che lui, uscito dalla baracca per iniziare a preparare il rancio, dopo una notte passata a dormire semi-seduto, tutto imbacuccato e col solo viso scoperto, passandosi una mano sul viso gli si erano staccati i baffi, perché si erano formati dei ghiaccioli! Io fingevo di ridere al racconto: in realtà ero parecchio deluso, soprattutto dal fatto che mio nonno, anziché maneggiare il fucile, fosse stato addetto a rimestare nei pentoloni!

Del resto il nonno Luigi ci sapeva fare coi cibi, pur lasciando le alchimie della cucina, come ovvio per i tempi, alla sua abile consorte. Ricordo con eterno e pungente rimpianto l'insalata di pomodori che improvvisò per me in un assolato pomeriggio agostano in campagna. Dopo il rituale riposino post-prandiale, mio padre gli aveva chiesto, facendolo come al solito felice:
- *Papà, ninnièmu a Pamma* ("La Palma" era la nostra proprietà)? *Chiffà, ci voi véniri?*[26]

Dopo l'ictus, che lo aveva colpito intorno ai sessantacinque anni, era rimasto in paese, interrompendo la sua vita attiva, che fin da bambino si era svolta in campagna. Ritornare alla Palma, anche se limitato nei passi e nel ruolo, era per lui una vera gratificazione. Quel giorno avevano trascinato anche me, recalcitrante: avrei preferito di gran lunga andare alla villetta dei cugini a giocare, piuttosto che viaggiare per più di mezz'ora nella Bellona, fra strade polverose e tornanti calcarei, e trovarmi in un posto in cui l'unica attività – non divertente - era scacciare gli insetti e camminare a fianco dei grandi che discutevano di *"saie", "rimunna", "stallatico", "fumegazioni", "chimmucu"*[27] e livelli dei pozzi. Perciò, rimasto solo con mio nonno, ero di cattivissimo umore e, non potendo confessarne l'origine reale –la noia-, mi lamentai di aver fame. Lui diede pochi e incomprensibili ordini al nostro *"jardinaru"* (salariato fisso), che si

---

26 *Papà, andiamo alla Palma? Che fai, ci vuoi venire?*

27 Canalette d'irrigazione (*saie*), potature (*rimunna*), concime organico (*stallatico*), trattamento antiparassitario con fumi di cianuro (*fumegazioni*), concime chimico (*chimmucu*).

allontanò in direzione dell'orto, mentre noi rimanemmo seduti all'ombra, sulla panchina di cemento accanto all'entrata del magazzino. Il dipendente tornò portando dei pomodori, una cipolla, delle foglie di basilico, una canna e una giovane pala di fico d'india. Luigi estrasse il suo fido coltellino a serramanico da innestatore e con questo ripulì la pala di fico d'india, lievemente incurvata, dalle spine: dentro ci tagliò i pomodori, delle fettine di cipolla e con le mani sminuzzò il basilico. Dal magazzino prese una busta di sale e una bottiglia d'olio, condì l'insalata e poi, sempre col coltello, fece un doppio taglio obliquo sull'estremità della canna, già opportunamente accorciata. Con quella forchetta improvvisata, rimestò l'insalata e mi poggiò il piatto vegetale sulle ginocchia:
- Mangia, *Iaffiuzzu* (Alfiuccio), *pani nunn'avemo... mangitilla accussì...*[28] - e dopo qualche mia forchettata, in italiano:
– Ti piace?

La mia faccia paffuta, beata e masticante, rispose senza parole. Credo di non aver mai mangiato una cosa così buona in vita mia! Mio nonno era più ingegnoso di Robinson Crusoe e, al di là dell'eccellenza delle materie prime, l'affetto e la dedizione verso il nipotino erano il miglior condimento del mondo!

Un'altra volta, sempre in campagna, durante le vacanze di Natale, mi vide accanirmi su un'arancia per strapparla alla pianta:
- *Ti vuoi mangiari 'n aranciu?*[29]... Aspetta, quello non è buono, è ancora un poco verde.

---

28 *Mangia, Alfiuccio, non abbiamo pane, mangiatela così com'è.*
29 *Vuoi mangiarti un arancio?*

Da sotto una pianta, raccolse un grosso tarocco caduto, lo ripulì, girandoselo fra le mani per controllare se la buccia non fosse intaccata dal marciume. Poi, col solito coltellino, impresse cinque sapienti tagli radiali e uno apicale a togliere la *fungia*[30]; usando delicatamente il pollice della destra lo privò della buccia e ne separò quattro gruppi di spicchi, che mi diede uno alla volta, senza far cadere una goccia di succo. Osservò la mia reazione:
- Com'è? Buono?

Io lo gustavo rapito, dopo l'iniziale diffidenza (le cose cadute a terra come possono essere ancora buone?), con la bocca piena e il liquido, aspro e dolce contemporaneamente, che fluiva lungo il palato superiore e rilasciava al naso il profumo intenso:
- Buonissimo, nonno... Buono così non ne ho mai mangiato!

Il nonno Luigi, grazie alla vita tranquilla e alla scrupolosa osservanza delle terapie prescrittegli, sopravvisse circa quindici anni all'ischemia cerebrale, nonostante il suo apparato cardio-vascolare fosse davvero mal messo. Morì all'età di ottanta anni, fatti da poco, in un pomeriggio invernale. Questa volta l'apoplessia fu fatale quanto improvvisa. L'ultima parola che disse fu il mio nome, ma non riferito a me e neanche al suo diletto primogenito e mio omonimo, morto a trentanove anni per un infarto. Il nome del Santo patrono era naturalmente diffusissimo in paese[31] e si chiamava così anche il nostro massaro, che stavano aspettando, come

---

30 sommità dell'arancio tarocco, simile ad una smorfia in cui le labbra sono chiuse e strette a tondo.

31 vedi "Le leggende del mio Santo"

tutte le sere, al ritorno con la motocicletta dalla campagna, per portare le notizie e le verdure:

- *Sta scurannu... Ancora 'un 'binni Iàffiu...*[32].

Le parole gli si spensero in bocca, il mento si reclinò in avanti e dalle mani gli caddero il coltellino e il ramo della verdura che insieme a mia nonna, seduti uno a fianco all'altra accanto alla stufa in terracotta, stavano pulendo.

---

32 *Si sta facendo buio, e ancora Alfio non è venuto...*

Arene

Quando qualcuno si vanta di essere "appassionato di cinema", mi chiedo: quale cinema? Quello delle rassegne nei cineclub, per nostalgici di Godard e De Oliveira? Le americanate con effetti speciali, con tutti i "fuck" che nel doppiaggio scompaiono per decenza, lasciando libero il campo ai vari "Cristo!", "Bastardo!", "Va tutto bene!", esclamati sempre dalle stesse voci di doppiatori? Quello delle commediole italiane che recentemente cercano di spiccare il volo, liberando le fragili zampe dal fango della volgarità, nella palude nazional-popolare? Oppure il cinema domestico, con le interminabili discussioni per la scelta fra i mille film on demand – ora che i DVD presi dal distributore sotto casa avanzano speditissimi sul viale del tramonto - che si conclude invariabilmente con saporite dormite sul divano?

È come per quelli che sul proprio curriculum inseriscono fra le passioni la "musica". Quale musica? Il gregoriano cantato dai monaci del Monte Athos? Il concerto dal vivo nell'auditorium, in cui vegliardi poco arzilli continuano imperterriti a venire e a spendere migliaia di euro in apparecchi acustici, pur di non dare soddisfazione allo storico vicino di posto, nella gara a chi muore dopo? Il riempitivo a basso volume degli ascensori e dell'aeroplano? La new-age della sala relax della SPA? Il "bumpa-bumpa" che fuoriesce a tutto volume con effetto doppler dal finestrino aperto – per consentire l'appoggio dell'avambraccio tatuato – della microcar, della

Smart o della Mini BMW? Il corettino mezzo gridato delle ragazzine che girano abbracciate sui marciapiedi e che, ascoltando in cuffietta la base, emulano le eroine degli onnipresenti talent show televisivi?

Negli anni sessanta non c'erano "appassionati di cinema", ma solo spettatori. Tutti, ma proprio tutti – tranne forse i vecchi decrepiti – andavano al cinema. Ce n'era per ogni gusto ed ogni tasca, dalle lussuose prime visioni, alle dignitose seconde; dalle sordide terze, alle sale parrocchiali. Centinaia di migliaia di cinema in tutti gli angoli delle grandi città e nei più remoti paesini. Alla fine, un selezionato numero di pellicole, ormai datate ma valide, passavano in televisione, il lunedì sul primo canale e, in epoca successiva, il mercoledì sul secondo.

I miei preferiti, ovviamente, erano i western, allora quasi solo americani e "seri", quindi relativamente rari, seguiti dai "peplum" (o "sandaloni"), sfornati a carrettate da Cinecittà con poca spesa e molti culturisti ante litteram, ben pettinati con la riga di lato e spesso il capello ossigenato, che affittavano i propri muscoli ai vari Ercole, Sansone, Ursus e Maciste. Le fanciulle in tunica, impeccabili nelle loro acconciature cotonate, venivano sottratte dall'eroe al loro malvagio persecutore (di solito con pizzetto e frangetta neri e sopracciglio disegnato a scendere verso il naso) senza che venisse esposto un millimetro in più della pelle consentita e senza che i puntuti e immobilizzanti reggiseni sottostanti facessero intuire la presenza di vere tette carnee.

Il massimo erano per me quelli in cui le gloriose legioni, con ben in mostra le lupe capitoline sulle insegne dorate - già da allora, chissà perché, avevo una certa allergia per le aquile imperiali -, avanzavano fiere, inesorabili ed ordinate al ritmo dei tamburi. Il momento dell'attacco era annunciato da squilli prolungati di file di tube splendenti. E poi le davano di santa ragione ai barbuti, volenterosi ma confusionari barbari, e stabilivano invariabilmente la supremazia di Roma – sì, la mia città, *daje, forza lupi, so' finiti i tempi cupi!* – sul mondo conosciuto.

Al terzo posto, i film di pirati e di navi (genere che era invece al primo nelle mie preferenze di lettore). Al quarto, quelli di cappa e spada, coi vari zorri, primule rosse, tulipani neri e moschettieri del re. In coda alle mie preferenze i film di sbaciucchiamenti e canzonette. All'ultimissimo posto i "finti western" musicali, quelli in cui il presunto eroe, anziché sparare, poggiava la pistola e prendeva la chitarra per gorgheggiare una melodia alla bella di turno o dove le famiglie nemiche, anziché farsi dei sani buchi nella pancia, si sfidavano in balli collettivi, con stivali lucidi sollevati a ritmo, e sottane ricamate, a sbuffare da sotto le pudiche gonne. Mi guardavo bene dal vederli al cinema e borbottavo a più non posso, provocando la reazione dei genitori e la revoca della licenza televisiva notturna, quando li davano in TV: spedito a letto, per vendicarmi non mi lavavo i denti.

A Roma, la maggior parte dei film me li godevo alla sala parrocchiale, ambiente falsamente protetto, in cui mia sorella, maggiore di quattro anni, si doveva difendere dalla "longa manus" degli abbondanti maniaci solitari, e in cui io partecipavo volentieri ai riti dei "ragazzacci" delle ultime file (lacci di liquirizia succhiati rumorosamente, piedi sugli schienali delle sedie antistanti, boati quando il buono ammazza il cattivo, urla e commenti volgari nelle scene più pruriginose). I miei genitori, che ovviamente ignoravano questi particolari, circa una volta alla settimana, ci davano volentieri le monete per biglietto e dolciumi di conforto. Ogni tanto andavamo, tutta la famiglia insieme, in qualche "buona seconda visione" del quartiere, evitando i cinemoni affollati dalle orde di militari in libera uscita, che sciamavano dalla caserma della Batteria Nomentana. Assolutamente da evitare il cinema "Espero", in cui resisteva, dagli anni '40 e '50, l'avanspettacolo, poi divenuto addirittura "rivista di spogliarello". Alle prime visioni ci andavano solo i genitori, raramente, la sera, lasciandoci con la cameriera a tutto servizio. Costei, nella sua simpatia burina, ci imbrogliava sul fatto che, se consumavamo velocemente ed interamente la cena, al cinema, di nascosto, ci saremmo andati anche noi. Salvo poi prenderci crudelmente in giro, coi pigiami in mano, nel rivelarci che il cinema era il "Bianchini" (le lenzuola) o il "Quattro Colonne" (il letto).

In Sicilia, invece, il cinema erano le arene estive. Nel paese ce n'erano tre o quattro, ben distribuite geograficamente, quelle centrali ricavate in ampi cortili fra edifici. Quelle periferiche erano semplici spiazzi asfaltati, d'inverno solitari "parcheggi" per automobili inesistenti. La più vicina a casa dei miei nonni, e quindi la preferita dai miei cugini e di conseguenza anche da noi, era la "Santa Croce", arena parrocchiale attigua all'omonima chiesa del quartiere "Supra a Fera". Oltretutto, era relativamente fresca, grazie alla ventilazione assicurata dalla posizione più elevata rispetto al resto del paese.

D'estate veniva riparata la rete di recinzione, poggiata sui blocchetti di pietra calcarea (gli onnipresenti "conci") e montata una struttura di tubi Innocenti, per sorreggere il telone dello schermo, oltre alla baracca di legno del proiettore. Le sedie anteriori erano strutture in ferro, fisse, collegate in file affiancate, custodite d'inverno in chissà quale magazzino. Per file di dietro si aggiungevano le classiche sedie in legno e paglia, quelle che normalmente ampliavano la capacità ricettiva della chiesa.

La cena era stata frettolosa, proprio per via dell'intenzione di andare al cinema, ed eravamo forniti di spiccioli per comprare "calia" (ceci e bruscolini salati e infornati) e liquirizie. Proibite dai genitori (ma chi rispettava il precetto?) erano le effimere e cariogene "masticogne" (gomme americane, o chewing-gum che dir si voglia). Preso posto, più possibile avanti, grazie alla possanza e all'esperienza dei valorosi cugini lentinesi, aspettavo ansioso che il film cominciasse. Lo sguardo si soffermava sul largo palco sottostante lo schermo, formato da assi di legno sostenute dai tubi innocenti, su cui erano poggiate, ai due lati, le casse altoparlanti. Ma il palco a che serviva? Possibile solo per poggiare i diffusori dell'impianto audio? Lo scoprii ben presto.

Iniziata la proiezione, quasi sempre pellicole di battaglie o di cappa e spada, non appena i gladiatori o gli spadaccini cominciavano il combattimento, torme di ragazzini in calzoncini si arrampicavano sul palco, per sfidarsi con le spade di legno, gridando e sovrapponendosi al sonoro del film. Appena la scena terminava, tornavano velocemente ai propri posti, permettendo di capire qualcosa degli abbastanza inutili dialoghi. Peggio era per i western, in cui la sfida a pistolettate si prolungava maggiormente ed era assai più rumorosa, anche se tutti gli effetti sonori erano generati dalle corde vocali dei bambini, perché le munizioni per le pistole giocattolo costavano tanto. I bambini dei quartieri popolari, che ricevevano in regalo la pistola il "giorno dei morti" - venivano portate dagli avi defunti, secondo antichissima tradizione - consumavano subito tutte le cartucce incluse nella confezione della nuova arma giocattolo: a Lentini, dal due al quattro novembre - allora festeggiato come Anniversario della Vittoria nella Prima Guerra Mondiale -, sembrava fossero tornati i tempi della battaglia del Piave. Poi, finite le "Superbum", pur non rinunciando ad avere in mano, sempre pronta a sparare, la propria imitazione di Colt, bisognava arrangiarsi.

Ma, nonostante la semplice simulazione vocale, il sonoro musicale e parlato delle pellicole western proiettate nell' arena estiva lentinese era completamente sovrastato dalle urla infantili:
"Pam! Bum! Pam! Figgh'i buttana! Mortu si!"[33].
"A quali, mi pigghiasti sulu 'nu razzu!"[34].
"Bonu! Ié allura, nun ta firi cchiu' a sparari! Pam! Bum! Ti pigghiaiu 'ndo pettu! Vogghiu viriri su uora nun sì mortu!"[35].
"Aaaaaaah! Ssaiu murennu! Sì, sugnu 'n terra... Ma t' asparu cull'autra manu! Pam! Bum! Pam! Pezz'i magabbunnu, uora sì mortu macari tu!"[36].

---

33 *"Pam! Bum! Pam! Figlio di puttana, sei morto!"*.

34 *"Macché, m'hai preso solo sul braccio!"*.

35 *"Bene! E allora non sei più in grado di sparare! Pam! Bum! T'ho preso nel petto! Adesso voglio vedere se non sei morto!"*.

36 *"Aaaaaaah! Sto morendo! Sì, sono a terra.... Ma ti sparo con l'altra mano! Pam! Bum! Pam! Pezzo di vagabondo, ora anche tu sei morto!"*.

Ciuffi ribelli

I miei cugini Nunzio e Ciro abitavano in una splendida villetta, con tanto di ampio giardino, pavimentato a fine acciottolato, ampie aiuole e bassa fontana decorativa, a pochi passi dalla casa dei miei nonni, in Via Cardillo. Anzi, la strada aveva preso il nome, credo, da quella costruzione tirata su, negli anni trenta del '900, dall'omonimo Ingegnere, che ne era stato progettista, costruttore e per anni proprietario. Il padre di Nunzio e Ciro, lo zio Pippo, cugino di mio padre, coetaneo e compagno di giochi inseparabile, l'aveva acquistata, credo, alla fine degli anni Cinquanta del '900. La cubatura era enorme, distribuita su vari livelli ed espansioni, per via della complicata architettura. La parte "moderna" era stata appoggiata sullo stesso blocco calcareo (una antica cava?) della palazzina del mio bisnonno, dalla quale era separata da un "taglio", ripida discesa a larghi gradoni in pietra nera, e coniugata a preesistenti basse costruzioni superiori e vecchi locali-magazzino inferiori. L'ingresso "teorico" era un piccolo cortile sulla salita di Via Carlo Rosselli, ma lo utilizzavano solo per entrare ed uscire con le automobili. Sia la famiglia che gli ospiti, invece, accedevano più spesso dal portone in ferro di Via Cardillo, in cima alla rampa coi gradoni. Il cancello, in lamiera continua, immetteva al giardino, sulla destra del quale un portoncino in vetro e ferro conduceva alla parte abitata della casa, tutta sullo stesso livello. Molti ambienti, sia nella soprelevazione del blocco centrale che negli anditi creati dalla scala che scendeva all'ingresso di Via Rosselli, erano poco o nulla utilizzati. Per non parlare dei vecchi magazzini sulla strada, cui si accedeva anche internamente, mediante una ripida scala, da una porta sul lato sinistro del giardino: che mi ricordi, uno di quei grandi e vetusti locali era utilizzato dalla nonna di Nunzio e Ciro per tenerci i conigli. Subito a sinistra del portone del giardino, c'erano gli ambienti dello studio medico dello zio Pippo, tisiologo e pneumologo, accessibili sia da un portoncino sulla strada sia, ovviamente, dal giardino stesso. Erano luoghi teoricamente proibiti ai nostri giochi e solo di rado, approfittando della loro scarsa utilizzazione, ci facevamo delle capatine, per curiosità.

Un'altra vecchia casupola, con tanto di tetto a tegole, delimitava il fondo del cortile-giardino, subito dietro lo spiazzo lastricato dove, disegnando i riquadri col gessetto, giocavamo a *campana* o a *polenta*. La porta, cadente e tarlata, era quasi sempre aperta e dentro ci tenevano le biciclette (poi le moto), giocattoli, parecchi numeri di "Tex", "Capitan Miki", "Il grande Blek", "Tiramolla", "Intrepido" e "Monello". C'erano inoltre dei vecchi attrezzi di campagna e alcuni oggetti cari ai nostri giochi e passatempi, su cui trionfava il mangiadischi Philips e la scatola metallica dei biscotti Doria. Questa, da tempo, non ospitava i preparati dolciari originari, ma piuttosto la collezione dei 45 giri: avendo un diametro poco maggiore dei microsolco in vinile, ne permetteva la comoda custodia, tutti belli impilati e compatti, ovviamente privati delle inutili copertine. Queste, sicuramente belle ed evocative, facevano però perdere un sacco di tempo quando, finita una canzone, ne volevi velocemente mettere un'altra. La funzione di protezione dai graffi e dallo sporco era da noi totalmente trascurata, vista la qualità comunque gracchiante dell'emissione sonora del fonografo portatile. Cosa fare delle copertine avanzate? Niente di meglio che appenderle alle pareti della baracca, insieme ad altre foto e simboli cari ai cugini.

Fra due fratelli, maschi e per di più vicini d'età - differiscono di circa un anno e mezzo –, la rivalità e la competizione è ovvia. Ma la sonnacchiosa atmosfera della Sicilia Orientale di quegli anni – venti secoli di storia pesano sulle antiche colonie della Magna Grecia molto più dei 760 millibar di un normale livello del mare, quello di qualsiasi altro luogo della penisola o del mondo più o meno civilizzato – stemperava la negatività dei loro reciproci sentimenti. Li portava piuttosto ad esprimere pacifiche peculiarità, atte a distinguersi vicendevolmente e agli occhi di amici e parenti. Nunzio, ad esempio, tifava per l'Inter, di cui aveva appeso alla parete di sua spettanza della casupola la bandiera nerazzurra, assieme alle foto di Sandro Mazzola strappate dal Monello; accanto, erano attaccate le copertine dei suoi cantanti preferiti, sui quali dominava indubbiamente Little Tony. Come contraltare, Ciro esibiva sulla sua parete la bandiera del Milan, Gianni Rivera e le copertine dei dischi di Bobby Solo.

Dei due cantanti, più che la voce, era ammirato il look: non tanto i costumi di scena, ove *Littettoni* si rifaceva spudoratamente ad Elvis Presley, mentre *Bobbisolu*, pur imitando nella voce lo stesso idolo americano, per quanto riguarda il vestiario inclinava maggiormente verso le giubbe di pelle frangiate, tipo western. Ma la somma ammirazione era per il taglio dei capelli. Entrambi erano dotati di importante ciuffo: il primo lo aveva nerissimo, con tettoia imponente e rialzo verticale (uno spoiler anti-aerodinamico). Il secondo aveva la riga e il ciuffo, castano chiaro, scendeva obliquo su metà della fronte, fino a coprire in parte un occhio, per poi risalire miracolosamente verso il vertice del capo. Ovvio, quindi, che ciascun fratello intendesse senza dubbio imitare lo stile del proprio beniamino canoro, con bellicose intenzioni che si manifestavano quando i capelli dei ragazzi erano cresciuti abbastanza da poter essere adeguatamente acconciati. Dei tentativi autarchici venivano fatti cercando di compattare i capelli col succo di limone, barbarico antenato di lacche e gel. Ma non era sufficiente: sì, c'era una parvenza di ciuffo simile a quello dei loro eroi, ma, a parte la labilità della messa in piega – facilmente rovinata da sudore, colpi di testa al pallone, rinfrescate sotto i rubinetti e vento artificiale da corsa in bici – mancava la forma, il taglio. Io trascorrevo a Lentini solo parte dell'estate, ma il seguente dialogo, cui assistevo durante la mia permanenza in terra di Sicilia, immagino avvenisse più volte l'anno:

- 'Ssa vuota ciam'a ddiri a Don Ciccinu ch'aviss' affari chiddu ca vulemu nuautri![37]

- Talia 'ca: iu mi tegnu 'ssa cartullina 'ri Littettoni allatu ro lettu! C'a fazzu abbiriri quannu veni![38]

- Giustu! Magari iù! Uora ni cercu una ri Bobbisolu. Accussì 'ssa vuota nun ni fa fissi! C'avi a tagghiari i capiddi comu vulemu nuautri![39]

---

37 *Stavolta dobbiamo dire a Don Ciccino di fare quelli che vogliamo noi!*

38 *Guarda qui: mi tengo accanto al letto questa cartolina di Little Tony! Quando viene, gliela faccio vedere!*

39 *Giusto! Ora vado a cercarne una di Bobby Solo! Così stavolta non ci imbroglia! Ci deve tagliare i capelli come vogliamo noi!*

- Anch'io glielo dico, li voglio lunghi dietro! – cercavo di imitarli, pur con molta minor convinzione.

Don Ciccino era il barbiere di fiducia del parentado: suo padre, don Carmelo, lo era stato del bisnonno Puddu, patriarca della famiglia di mia nonna, e la tradizione era continuata con le generazioni successive. Aveva una un bel "salone" in Piazza, ma la mattina molto presto, prima di aprire bottega, faceva il giro dei clienti più rispettabili e facoltosi, che preferivano farsi servire a domicilio. Ovviamente la generazione dei giovani adulti, ovvero quella dei nostri padri, non era interessata al servizio: rimanevano gli anziani.

Mio nonno, ad esempio, era fra i clienti dei suoi giri mattutini, anche se di solito la barba se la faceva da solo, col rasoio a mano libera e la schiuma nella cuccumella. Nella mia fantasia di piccolo maschio, le questioni legate alla barba avevano un indubbio fascino: riti di virilità affondati nella notte dei tempi. Guardavo ammirato la forbice per regolare i baffi, la collezione di vecchi rasoi, che ogni tanto venivano affilati con la striscia di cuoio, i pennelli di setola, i tubi della crema Palmolive, il blocchetto traslucido dell'allume di rocca, da usare in caso di piccole ferite. Anche mio padre aveva un armamentario simile, ma usava i deludenti rasoi di sicurezza Gillette, con le classiche lamette intercambiabili, sistema col quale anch'io, molti anni dopo, mi feci la prima barba.

Gli appuntamenti con don Ciccino, a noi sempre ignoti, credo venissero presi col passaparola, piuttosto che telefonicamente. La mattina in cui il barbiere faceva il giro dei parenti che abitavano nel quartiere, immagino che mio nonno lo aspettasse, mettendosi la sveglia: preparava il caffè per l'artigiano e, quando bussava alla porta, sul tavolo della sala da pranzo erano pronti lenzuoli, bacinelle e tutto l'occorrente che don Ciccino non portava nella borsa. Gli spuntava prima i capelli, gli faceva la frizione sul cranio pelato, poi passava ai baffi e quindi alla barba, per la quale quel giorno mio nonno avrebbe evitato di provvedere personalmente.

A quel punto, i misteriosi ed odiosissimi accordi prevedevano che si approfittasse per far tagliare i capelli ai bambini, cosa che d'estate, per igiene e praticità, era richiesta con maggior frequenza. Svegliato all'alba e sicuramente intontito, venivo piazzato su una sedia da mia nonna, col classico lenzuolo fissato intorno al collo. Il fastidio per i soliti spezzoni di capelli che finivano nel collo, sulla bocca e negli occhi, era acuito dal sonno residuo: in pratica, non vedevo l'ora che la tortura finisse, mi passasse il pennellone di setola sul collo, prima spruzzato col talco profumato, per potermene tornare a letto a finire il mio sonno, interrotto dalla procedura antelucana.

Al risveglio, un vago e sgradevole ricordo, consapevolmente distinto dall'ipotesi che si fosse trattato di un sogno, mi faceva alzare titubante. Mi dirigevo lentamente verso il bagno, come il condannato al patibolo, e, arrivato al lavandino, salivo sullo sgabello che mio nonno usava per il pediluvio, per potermi vedere meglio allo specchio: altro che taglio alla moda! Altro che ciuffo laterale, altro che pieghetta regolare sul collo! Un'orrenda sfumatura fatta a *ma-*

*canedda*⁴⁰ saliva dalla cervice all'occipite e la lunghezza davanti era appena sufficiente a poter fare la riga laterale.

- *Chi ssi beddu! Beddu pulitu! Sempr'accussì aviss'agghiessiri!*⁴¹ – esclamava ammirata mia nonna entrando nel bagno. Con lo stesso spirito ed esprimendo lo stesso criterio estetico, mi avrebbe tormentato negli anni settanta della mia prima adolescenza con l'esasperante e frequente esortazione *"Vò tagghiati 'ssi capiddazzi!"*⁴².

Ma io, sprofondato nella più cocente delusione, avrei tanto voluto almeno la mia testa del giorno prima. Durante la triste colazione, che mia nonna non riusciva a rallegrare neanche aprendo una confezione nuova di biscotti Colussi o Bovolone o un vaso della sua squisita marmellata, dovevo anche sopportare il riso trattenuto di mia sorella, che lanciava sguardi divertiti verso il mio cranio. Più tardi, preso coraggio, uscivo per andare dai cugini Nunzio e Ciro. Li trovavo chiusi nella baracca, che si consolavano con un Tex, un Blek o un Capitan Miki. Ci guardavamo rapidamente le rispettive teste, rapate più o meno con lo stesso stile:

- *Ch'amaffari?* – rompeva il triste silenzio Nunzio, con appena un pizzico di rassegnata auto-ironia – *Don Ciccinu 'nni fici fissa n' autra vota!*⁴³

---

40 Macchinetta tosa-capelli, veniva passata sul collo con movimento ascendente.

41 *Quanto sei bello! Bello pulito! Sempre così dovresti stare!*

42 *Vai a tagliarti quei capellacci!*

43 *Che ci possiamo fare! Don Ciccino ci ha fregato un'altra volta!*

- *Sempr'u stissu!* – completava il lamento Ciro – *Ci pigghiò nu megghiu sonnu! Iù mancu mi n'addunai!*[44]

- *Chìssa, però, agghiessiri l'uttuma babbiata di Don Ciccinu! 'A prossima vuota, uò mi li tagghia comu a Littettoni, uò annunca m'ammucciu sutta o lettu e nun mi 'i fazzu tagghiari!*[45].

- *Magari jù! I cappiddi han'agghiessiri accussì!*[46] – terminava la veemente perorazione Ciro, indicando con la sinistra la foto di Bobby Solo appesa alla parete e mettendo le dita dell'altra mano oblique sulla fronte, a simulare il meraviglioso ciuffo ribelle del suo cantante preferito.

---

44 *Come al solito! Ci ha preso nel meglio sonno! Io neanche me ne sono accorto!*

45 *Questa però deve essere l'ultima fesseria di Don Ciccino! La prossima volta, o me li taglia come quelli di Little Tony, oppure, altrimenti, mi nascondo sotto il letto e non me li faccio tagliare!*

46 *Anch'io! I capelli debbo essere così!*

Fuori dal cortiletto

La casa dei miei nonni era l'ultimo edificio "signorile" alla periferia sud di Lentini, alle pendici dell'altura su cui s'inerpicano i tornanti della strada per Carlentini. Attorno, credo in epoca successiva all'edificazione voluta dal mio bisnonno, erano state costruite molte casupole basse, piuttosto disordinate, separate da strettissimi vicoli. Tipici monolocali con porta-finestra, sopra molti di essi, con l'espandersi delle famiglie, erano state rialzate propaggini di uno o addirittura due piani, con blocchi calcarei a vista, non intonacati e strettissime scale per accedere ai livelli superiori. Lo sfacciato abusivismo si associava ad una bruttezza senza ritegno e mio padre spesso ripeteva che, nel caso malaugurato di un terremoto, quell'orrendo presepio modello casbah sarebbe venuto giù come un castello di carte.

Ma non erano le considerazioni urbanistiche che colpivano maggiormente il mio stomaco di bambino borghese, cittadino e continentale. Un pugno di inquietudine e di senso di trovarmi "fuori posto" mi arrivava spietato ogni volta che mettevo il naso fuori dal "cortiletto". Questo era uno spazietto rettangolare, piastrellato, su cui si affacciavano l'entrata della porzione di casa che era toccata al fratello minore di mio nonno e il portoncino della parte toccata al fratello maggiore, che in seguito l'aveva prima affittata e poi venduta. Sul terzo lato del cortiletto c'era una porta-finestra, da cui teoricamente si poteva accedere alla nostra casa, che però non veniva usata che per scopi "interni", ovvero per andare a trovare lo zio Guglielmo o l'altro vicino, anche lui mezzo parente. Noi entravamo, infatti, da un portone principale, all'angolo dello scalone e la porta verso il cortiletto si apriva su una stanza che era adibita a salottino dai miei nonni, ovvero da stanza da letto precaria dei miei genitori durante le permanenze estive a Lentini della mia famiglia. Tutte le notti, mio nonno chiudeva quella porta dall'interno con delle spranghe, oltre che con le girate di chiave della serratura. Noi bambini, però, lo usavamo spesso, vuoi per andare a giocare nel cortiletto, vuoi per bussare alla porta dello zio Guglielmo e della zia Virginia, sempre gentili e generosi nell'offrirci proibitissimi biscotti fuori pasto; oppure per chiamare ai giochi Dino, il figlio degli occupanti della terza porzione della casa avita. Il quarto lato del cortiletto era completamente chiuso da un portone di legno, che ci permetteva di non essere visti durante i giochi in quello spazio angusto.

Se, però, ci capitava di voler uscire da lì, oppure se qualche visitatore delle due case suonava al campanello e gli veniva aperto, ecco che la visuale si apriva verso quello che era più simile ad uno scenario da terzo mondo che alle mie usuali frequentazioni cittadine. Proprio di fronte, si trovava un monolocale in cui abitava una famiglia di oltre dieci di persone, di tutte le età: da un paio di anziani a varie generazioni di più giovani, fino a bambini piccolissimi. Questi erano i più impressionanti: d'estate nudi o in mutande, razzolavano sporchissimi davanti alla loro entrata, una volta che, sancita la fine della notte dall'estrazione dei materassi, che venivano appoggiati verticali sulla facciata della casetta, il pavimento del tugurio veniva approssimativamente spazzato e per l'interno dell'abitazione dovevano circolare gli abitanti, sia per vestirsi e prepararsi ad uscire per il lavoro, che per eseguire le faccende domestiche. Il mio istinto era di non guardare, per evitare che ai miasmi percepiti con nasino cittadino si aggiungessero sguardi imbarazzati, sia da parte dei locali che da parte mia. Quindi, se dovevo uscire dalla parte del cortiletto, cercavo di concentrarmi su dove mettevo i piedi: mi guardavo le scarpette ortopediche blu, ben lucide, di "Caccetta" - maledetti piedi piatti! - e i candidi calzettoni, oppure le stringhe curate dei sandaletti, e cercavo di tirare avanti il più presto possibile, evitando sia i bambini che giocavano a terra che gli sguardi ostili (?) degli adulti. Di sicuro non avevo contatti verbali con quei poveri, al contrario di mia nonna che si rivolgeva loro ogni tanto, per chiedere alle ragazze qualche commissione o di scopare lo scalone, oppure di gettare un paio di secchiate d'acqua per pulire un po' i vicoli. Venivano compensate con monete da 50 lire, che a me sembravano poche, ma mia nonna giudicava più che sufficienti. Fra l'altro, nonostante le buone intenzioni della "Signura Mariuzza", l'acqua, non è che facesse granché migliorare la situazione; anzi, per me la peggiorava, soprattutto dal punto di vista olfattorio.

Quando oggi sento i commenti sprezzanti sulla nostra Italia e le infinite lamentele sulla condizione sociale e sulle attuali inefficienze politico-amministrative, rimpiangendo i mitici anni '60, quelli del "boom economico", penso che, sebbene in gran parte giustificate, le critiche non tengano affatto conto dell'enorme evoluzione che è avvenuta nel nostro paese. La ricchezza, nonostante tutto, si è davvero distribuita e oggi quelle scene da "terzo mondo in casa propria" sono estremamente più rare; limitate, semmai, ai ghetti per extracomunitari. Fu allora, dal contatto reale con quella realtà di povertà, che altri miei coetanei potevano aver visto, se non decidevano di cambiare canale, solo in televisione, che si formò la mia "coscienza sociale" e i miei orientamenti politici?

Il ricordo di quella puzza di sporco, si risvegliò nella mia memoria molto dopo, ai primi anni di liceo, quando presi a frequentare alcune borgate di Roma. Mi ci avventuravo con la vespetta, per dare lezioni di ripetizione ai ragazzini. La mia scuola aveva organizzato quell'azione di volontariato, di concerto coi parroci locali, e io avevo aderito con curiosità ed entusiasmo, assieme a pochi altri compagni. Molti, dopo le prime volte, si ritirarono, forse proprio per il disagio visivo ed olfattorio: io invece perseverai per svariati anni, non facendomi spaventare neanche da quella volta che, tornando al posto dove avevo parcheggiato la Vespa, la trovai senza sedile, senza ruote e senza specchietti. Tornai sconsolato nella sala dove, ai tavoli, indugiavano i bambini che dovevano terminare i compiti. Chiesi, abbattuto, dov'era la fermata dell'autobus e spiegai della spoliazione del mio motorino. Un moretto dal sorriso simpatico si alzò e scattò fuori dallo stanzone:

- *Aspé! Nun te n'annà!* – mi apostrofò uscendo di corsa.

Tornò dopo neanche cinque minuti:
- *Tranquillo, mo' viè mi' fratello che t'ariporta a casa cor motorino suo... Ha detto così de lassà a Vespa 'ndo sta e de tornà domani pommeriggio.*

Il giorno dopo, raggiunta la borgata con l'autobus, trovai la mia Vespa 50 di nuovo tutta intera: anzi, al posto del mio sedile di

serie "monosedere", c'era una sella lunga, originale Piaggio, quella della Vespa 125 Primavera. Chiesi al prete dove abitasse il ragazzino e lo trovai in casa. Mi offrirono il caffè. Ringraziai la mamma per l'ospitalità e lui e il fratello per la Vespa ristrutturata:
- *De gnente, professo'! Ce mancherebbe artro...* - replicò il piccolo borgataro. Ma nelle mie orecchie il dialetto romanesco si trasformò in quello siciliano dei bambini fuori dal cortiletto.

Isti? (La funzione del telefono)

Lo ricordo da sempre, nero e massiccio, nella grande stanza di soggiorno e pranzo, attorno alla quale girava la casa. Era attaccato al muro, fra lo stipite della porta verso la stanza d'ingresso e la stufa di terracotta, ad altezza standard, forse un po' eccessiva per mia nonna, davvero piccolina. Ci arrivava agevolmente con le mani, ma doveva estendere il collo, portando la testa leggermente all'indietro, per poter veder bene il disco e comporre correttamente il numero. Più raramente lo usava mio nonno, solo se chiamato a partecipare a conversazioni plurime con qualche parente lontano o per ricevere i saluti e gli auguri per qualche festività, magari con Luigi, il suo omonimo nipote catanese, mio molto più grande cugino.

Francamente non so se il telefono fosse una conquista di civiltà molto antecedente, magari pre-bellica, per imitazione e concorrenza col più facoltoso parentame. Oppure post-bellica, sentendo i miei nonni la necessità di tenersi in contatto coi figli, uno a Roma e l'altro a Catania. Oppure ancora fosse stato fatto installare da mio padre, per poter parlare da Roma una o due volte a settimana con sua madre, o, prima ancora, da lui stesso reclamato all'epoca in cui, dovendosi sposare con una straniera e dovendole presentare la realtà lentinese al meglio possibile, aveva preteso nella casa modifiche e modernizzazione.

Qualunque fosse stata l'epoca del suo impianto, il telefono era comunque oggetto di grande rispetto ed attenzione. La carta da

parati attorno ad esso era segnata da appunti a matita o addirittura a penna, con la calligrafia sicura di mio padre e quella incerta dei miei nonni: nomi e numeri scritti direttamente sul muro, per urgenza o per la pigrizia di non dover aprire la rubrica alfabetica appesa con una cordicella sotto il telefono stesso, con infilata nella sua spirale una matita non sempre appuntita. Noi lo usavamo raramente, per lo più per contattare i cugini e coordinare uscite o visite per giocare. Ma era molto utile per la nostra immaginazione: era lì, nello scenario attorno all'apparecchio, nella stanza da pranzo di Lentini, che visualizzavamo i nostri nonni, quando mio padre, dopo le faticose operazioni per la chiamata interurbana, riusciva a parlare con la Sicilia. Noi eravamo nel nostro soggiorno di Roma, nelle vicinanze del pianoforte, sul quale era poggiato il nostro apparecchio e aspettavamo di adempiere al sacro e non sgradito dovere del contatto coi nonni siciliani (con quelli brasiliani solo due o tre parole sulla carta velina, in fondo alle lettere da mandare "par avion"). Era molto prima della "teleselezione" e dei prefissi:
- Pronto signorina, avevo chiesto di parlare con Lentini... Sì, più di un quarto d'ora fa... Sì, Lentini, provincia di Siracusa ma distretto di Catania... Devo ri-prenotare? Si, va bene, le ridò il numero: nove-quattro-uno-zero-cinque-sei... Sì, attendo..."

Era vietato allontanarsi e la televisione veniva spenta. Quando finalmente il telefono squillava, mio padre afferrava la cornetta con la velocità della lingua del camaleonte quando cattura l'incauta mosca, illusa dalla sua immobilità:
- *Mammuzza! Comu sì? Com'è u papà?... Ai a camanari cchiù assai, macari casa-casa, 'ccu vastuni. Annunca, su ti ni stai sempri assittata 'nda*

pultruna, i rulura ai iammi su cchiù assai. Iè appò, mancu poi diggeriri bonu...[47]

- Papà, comu sì? ...Sempri "bonu" arrispunni! U sacciu ca non mi voi fari prioccupari... Chi 'ssi rici a Pamma, chi ti rissi Iaffiu? A finenu a rumunna? M'arraccumànno i miricìni... sì, u sàcciu ca tu si pricìsu, ma mi scantu ca finìsciunu e nun ti n'adduni... Talìa bonu i scatuli e i buttugghieddi: su cinn'è quasi vacanti, telefuna a 'u dutturi, iappò ci manni Donna Ciccia a pigghiari i rizzetti e iri 'nta fammacia... [48]

Io e mia sorella ascoltavamo mio padre parlare in dialetto stretto sempre con un certo stupore, paragonando col suo abituale italiano curato, col lessico dello studioso e del docente, dal quale era riuscito ad estirpare quasi completamente l'accento siculo, con particolare e meritoria cura della corretta apertura o chiusura delle "e" e delle "o", al contrario della quasi totalità dei suoi conterranei. Del resto, disprezzava profondamente le storpiature e le caricature del dialetto: quando sentiva il milanese Gino Bramieri, con coppola, baffi, panciotto e doppietta in spalla, fare la parte del siciliano, aveva degli accessi di rabbia. Arrivò addirittura a bollare negativamente un capolavoro assoluto di film come "Indagine su un cittadino al di sopra di ogni sospetto" perché la sua intransigenza di puri-

---

47 *Mammina! Come stai? Come sta papà?... Devi camminare di più, anche in casa, col bastone. Altrimenti, se te ne stai sempre seduta in poltrona, te ne vengono ancora di più di dolori alle gambe. E poi non riesci neanche a digerire bene...*

48 *- Papà, come stai? ... Eh si, rispondi sempre "bene"! Lo so che non vuoi farmi preoccupare... Come va alla Palma, che ti ha detto Alfio? Hanno finito la potatura?... Mi raccomando le medicine... sì, lo so che sei preciso, ma ho paura che finiscono e tu non te ne accorgi... Guarda bene le scatolette e i flaconi: se qualcuno è quasi vuoto, telefona al dottore e poi ci mandi Donna Ciccia a ritirare le ricette e andare in farmacia...*

sta del dialetto non gli fece apprezzare la voluta caricatura che ne realizzava il grandissimo Volonté, per esprimere, chissà se su sua iniziativa o su impulso di Elio Petri, l'aspetto grottesco della protervia democristiana del personaggio.

Nel parlare il dialetto, mio padre perdeva qualcuna delle pause di quando si esprimeva in italiano: era più svelto ed immediato. E, cosa ancora più sorprendente di queste sue telefoniche metamorfosi linguistiche, in cui il colto Dottor Professor Giuseppe Jeckyl si trasformava nel poco raccomandabile Mister Pippo Hyde, noi bambini riuscivamo a capire tutto quello che diceva. Padroneggiavamo mirabilmente il dialetto e, se avessimo voluto vincere la nostra timidezza, coi nonni ed i cugini avremmo benissimo potuto parlarlo, invece che esprimerci nel solito asettico italiano.

La stessa capacità di decodifica dialettale ci permetteva di capire le conversazioni mattutine di mia nonna con le sue care sorelle. Noi ci eravamo appena alzati e facevamo colazione con latte (ahimè annacquato dal venditore porta a porta) e biscotti, presi direttamente dalle grandi scatole metalliche Doria o Bovolone, che mia nonna estraeva dai ripiani inferiori della credenza.

Mia nonna componeva con sicurezza sul disco la sequenza dei numeri, oramai mandati a memoria, ad esempio 941696 per sua cugina Concetta. Non c'erano né saluti né convenevoli:
- *Isti?... Nenti?.... Iè comu fu: 'nta pigghiasti a magnesa assira?... Mancu 'cca magnesa?... A nenti, soruzza, su ruman'ammatinu ancura nenti, t'aviss'affari u clisteri...*[49]

---

49 – *Sei riuscita ad andare?... Niente?... Ma come mai: non l'hai presa ieri sera la magnesia?... Neanche con la magnesia?... Ascoltami, sorellina, se domattina ancora nulla, dovresti farti il clistere...*

Dall'altro capo la sorella minore esponeva lamentazioni sulla procedura e mia nonna cercava di farla ragionare:

- *U sacciu... U sacciu ca iè 'na camurria, ma chiù assai ri 'na simana... Arrucoddati 'u papà! Comu 'n pazzu faciva, doppu chiuassai 'ri quattru juorna ca 'n sa firava a libbirarisi: i purcidduzza allatu ra pultruna e i pappapani 'n prucissioni 'nto muru, vireva... Iè appò, doppu r'u clisteri, lurdava tuttucosi casa casa, ca si isava 'ro cantru cchi mutanni calati, pinsannu ca si 'nnaveva a gghiri 'nda cchiazza... Ah, no? 'N tu rucordi?"* [50].

---

50 – *Lo so... Lo so che è una gran seccatura, ma più di una settimana... Ricordati di nostro padre! Che quando passavano più di quattro giorni senza che riuscisse a liberarsi, perdeva completamente il senno: vedeva i porcellini accanto alla poltrona e gli scarafaggi in processione sulle pareti... E poi, dopo il clistere, siccome si alzava dal vaso con le mutande calate pensando che doveva scendersene in Piazza, sporcava dappertutto in tutta la casa... Ah, no? Non te lo ricordi? Che poi si addormentava per due giorni e quando si svegliava faceva venire Don Carmelo per la barba e mentre lui lavorava di pennello e rasoio, gli domandava un sacco di cose, tutti i fatti capitati in paese mentre si trovava otturato, impazzito e addormentato...*

Vedi anche: "Il patriarca".

Un vinaio d'onore

Raramente il raggio d'azione delle escursioni automobilistiche siciliane della mia famiglia andava oltre i 50 chilometri da Lentini. Ricordo piacevoli pomeriggi, con successiva cena, a Siracusa, in cui si andava per far vedere il Teatro Greco o l'Orecchio di Dionisio a qualche conoscente continentale di passaggio e poi a cena in una minuscola trattoria alla buona, da "Don Ninuzzo", preferita da mio padre per la bonomia del baffuto e corpulento omonimo proprietario, che si traduceva in un conto non salato e fatto sempre "a occhio", e per la sublime bontà della zuppa di pesce, preparata dalla moglie: tanto buona che anche noi bambini passavamo sopra all'abbondante presenza di spine nei freschissimi pesci che fumavano dalla scodella. Ci deliziavamo, se non altro, con le fette di pane di casa soffritto, da intingere nel sugo miracoloso. Altra frequente escursione, questa più elegante, era a Taormina, con finale nel mitico ristorante "Il pescatore", ove mia madre si godeva il miglior risotto "ai frutti di mare" che, a sua detta, si potesse trovare in Sicilia e in ogni altro luogo civilizzato.

Cosa ci spinse, allora, a quel viaggio nella Sicilia Occidentale, fra Agrigento, Erice, Palermo, Selinunte, Segesta (questi i nomi che associo alla foto in bianco e nero con la famiglia schierata a scaletta ed appoggiata alla nostra bella automobile, con lo sfondo della Valle dei Templi)? Forse il fatto che mia madre non li conoscesse bene? O che desiderasse rivederli dopo il viaggio di nozze in treno del 1952? Fatto sta che, credo al termine del giro, non so se diretti nuovamente a Lentini o invece a Messina, per poi tornare a Roma, ci trovammo a passare da Partinico.

Procedendo lentamente all'interno del paese, mio padre vede la scritta "VINI" sopra il portone di una bottega. Pochi metri più avanti, dall'altro lato della strada, si può parcheggiare. È lì che ferma la Brunilde, la cui bellezza teutonica non è oscurata dalla polvere del viaggio. Noi bambini siamo ben addestrati sul da farsi: usciamo tutti e due dal lato sinistro, verso il marciapiede, anche se non siamo a Roma e per la strada non passa alcuna vettura, e sbattiamo lo sportello. Mia madre, invece scende dal lato destro, chiude anche lei la portiera e si sistema il fazzoletto in testa. Mio padre, rimasto dentro, si allunga ad abbassare i tre piroli interni, poi scende e, con le chiavi in mano, si appresta ad agire sulla serratura.

Ma proprio allora, con la coda dell'occhio, vede un signore, ben vestito, con panciotto e coppola, che gli fa cenno dall'entrata della bottega. Da sotto gli ampi baffi nerissimi non si capisce se lievemente sorrida o sia impassibile. Alza lentamente, ma ripetutamente, il mento in alto; poi, infastidito, aggiunge un segno di negazione meno arabo-siculo: con l'avambraccio destro semi-flesso e le tre dita raccolte dal pollice, sposta a destra e a sinistra l'indice proteso. Dall'altro lato della strada, il genitore è interdetto, esitante, con la chiave ancora infilata nella serratura della portiera. Il vinaio è costretto ad intervenire verbalmente:
"*Nunn'a 'nchiurissi!*" E poi in italiano: "Signore, non la chiuda!"

Mio padre, vergognandosi di essere originario della parte "*babba*" (stupida, inoffensiva, all'epoca poco o nulla mafiosa) della

Sicilia, abbassa la testa in segno di assenso e sorride imbarazzato, estraendo la chiave e mostrandola al vinaio. Quando siamo tutti davanti alla porta della bottega, il proprietario, invitandoci ad entrare col più cordiale dei sorrisi, gli si rivolge col più amabile dei toni:
"*M'ascusassi*, mi scusi signore, ma qua... *'ca, 'ndi nui, 'nda ma strada*, nel mio paese, davanti alla mia bottega, *'a macana* non la deve chiudere... *a po' lassari* aperta giorno e notte..."

Intanto, con occhio acuto, cerca di vedere dalla targa da dove veniamo, forse per spiegarci che a Partinico non è come da noi. Ma la sigla "EE" (Escursionisti Esteri) lo lascia perplesso, come tutti.

Mio padre, leggendo nel suo pensiero e cercando di parlare un italiano purissimo:
"La ringrazio della premura, non volevo mancarle di rispetto. Noi veniamo da Roma..."

Il viso del vinaio, peraltro non indifferente al fascino della bella straniera, si apre in un sorriso di comprensione, che però, ahimè, toglie a mia madre anche quel poco di inibizione:
" Ma è sicuro, signore, che non c'è pericolo? So che questa è zona di Mafia... Non avete paura?"

Mio padre sbianca e vorrebbe non essere mai entrato nella cantina, mentre lo sguardo del partinicese si fa glaciale, gli occhi poco più aperti di fessure, le parole di risposta scandite e senza variazione tono:

"Sunu cuosi ri' i libbra, ri' i giurnala... Cca, nui, pobblema ri 'ssi cuosi nunn'avemu!"[51] Ma voi, signora...", recuperando un minimo di cortesia e galanteria "... effettivamente, venendo da Roma..."

"Veramente mio marito è siciliano anche lui, di Lentini!" Lo interrompe allegramente mia madre, che dovette, in seguito, solo al suo disarmante candore da eroina americana la salvezza dalla collera di mio padre, per avergli definitivamente rovinato la parte di turista straniero e ingenuo.

"Lentini? Ci 'su l'aranci bboni..."[52] commenta il nostro ospite "Che provincia fa?"

"Siracusa!" anticipa ancora mia madre, rendendosi simpatica al vinaio ma facendo ulteriormente scendere la sua considerazione nei confronti di mio padre: un siciliano degenere, incapace di tenere la moglie al suo posto e in silenzio.

"Megghiu Sarracusa ri Catania! Catanisi? Sordu fausu!"[53] sentenzia il vinaio, esternando l'eterno disprezzo dei siciliani d'occidente, soprattutto palermitani, nei confronti della città etnea e dei suoi abitanti, dediti più ai traffici ed agli imbrogli che al rispetto ed all'onore.

"Volevamo prendere del vino." Taglia corto mio padre con evidente imbarazzo.

"Avìti vuogghia!"[54] declama l'uomo, accompagnando la frase ad effetto con un ampio svolazzo della mano, ad indicare la fila delle botti, pulitissime ed allineate ai lati lunghi dell'ampio stanzone.

Fa assaggiare ai miei un paio di qualità di vino da pasto, mentre per noi bambini riempie due mezzi bicchieri con del passi-

---

51 *Sono cose dei libri, dei giornali... Qua noi non abbiamo problemi di queste cose!*

52 *Lentini? Ci sono le arance buone.*

53 *Meglio Siracusa di Catania! Catanese? Soldo falso!*

54 *Prego, ci mancherebbe!*

to profumatissimo, colmandoli per il resto con acqua, e ci appoggia due grandi biscotti su un piattino di terracotta smaltata. Non ci facciamo pregare: inzuppiamo e gustiamo, cercando di non sbrodolarci. Mio padre si fa riempire una damigianetta da cinque litri con del bianco da pasto e regola l'onestissimo conto.
"Peccato che abbiamo il portabagagli pieno!" cerca di terminare in bellezza e di riabilitarsi agli occhi del vinaio, "Il vostro vino ci piace molto. Ma fate anche spedizioni verso il continente?"
Il baffuto sorride soddisfatto e indica le botti:
"*Taliassssi: chi manca vinu* da spedire? *Ci spiremu tuttu chiddu ca voli vossia!*"[55] è la risposta compiaciuta.
"Bene, ma come facciamo a ordinarglielo? A chi dobbiamo scrivere?"
"*A mia pirsonalmenti:* **Nunzio B.***!*"[56] proclama orgogliosamente il vinaio (ricordo bene il cognome ma ne cito la sola iniziale, lo stesso di un personaggio reale, processato e condannato, protagonista negativo del più bel film sulla mafia dell'ultimo ventennio).
"Sì, ma... l'indirizzo?"
"*Cciù rissi!* Glie l'ho già detto! **Nunzio B.!**", risponde facendosi serio (non truce e neanche beffardo, come negli sceneggiati che passano oggi in TV) ma con un fiammeggiare d'occhi neri che non ammette repliche, "**Nunzio B., Si-ci-li-a!**".

---

55 *Guardi: manca forse vino da spedire? Le spediamo tutto il vino che lei desidera!*
56 *Personalmente a me: Nunzio B.!*

Il balcone del patriarca

La casa del mio bisnonno Giuseppe, detto "Don Puddu", un palazzotto di due piani in Via dei Vespri Siciliani, si trova in posizione privilegiata rispetto al centro storico di Lentini: leggermente elevata rispetto alla Piazza, alle pendici del rilievo calcareo che conduce a Carlentini. Appoggiato ad altri edifici, espone un lato più stretto sul cortile di Via dei Vespri e l'altro più lungo sulla ripida discesa di Via Arrigo Testa. Seguendo l'andamento di queste due strade, si creano, al livello terreno, negozi, magazzini, cortiletti e portoncini. Sospetto che la sua costruzione fosse all'epoca avvenuta in tempi diversi, inglobando uno stretto palazzetto e alcuni monolocali popolari di solo pianterreno. In seguito alla sua successione ereditaria, la casa era poi stata divisa fra i due figli maschi rimasti in vita, con due portoni separati, dei quali la parte più prestigiosa era toccata al primogenito e da lui alla sua figlia unica, la Zia Lina. Come noi, anche la Zia Lina e lo Zio Peppino, insigne primario oculista, abitavano a Roma, ed erano i parenti che frequentavamo con assidua regolarità. Anche loro venivano d'estate a Lentini, anche se per un breve periodo, ed erano oggetto di deferenti visite di parenti e conoscenti, alcune interessate per problemi di occhi. Noi andavamo spesso a trovarli e a me la casa piaceva molto, fra grandi stanze arredate con un tocco di discreto lusso borghese degli anni trenta (nel salotto c'era anche un pianoforte!) e la scaletta interna che conduceva al terrazzo "segreto" (mi ci portava Agnese, la fidata domestica veneta, grande amica e complice di noi bambini).

Dal salotto, si apriva una porta finestra che dava accesso ad uno stretto e lungo balcone, sul quale si apriva l'analoga porta finestra della cucina, in modo che il balcone stesso costituiva una comoda comunicazione diretta tra i due ambienti, distanti fra loro nella pianta interna e divisi da altre stanze. Nonostante il balcone non fosse largo più di un metro e mezzo, gli zii lo utilizzavano in vari momenti della giornata, per prendere il fresco nel tardo pomeriggio, il gelato la sera o proprio per cenare, facendosi apparecchiare un piccolo tavolino, che veniva accostato alla ringhiera in ferro battuto. Nelle giornate più clementi, poiché l'esposizione di quel lato della casa dovrebbe essere a levante, addirittura ci pranzavano. È quindi su quello stretto balcone che spesso li trovavamo quando salivamo a far loro visita, il più delle volte non programmata, di ritorno dalle faccende lentinesi della mattina, prima di tornare in campagna, dove ci eravamo trasferiti, e poi poter finalmente fare una puntata al mare. In precedenza, nel periodo in cui stavamo ancora nella casa lentinese dei miei nonni, passavamo invece da loro nel pomeriggio tardi, di ritorno dalla campagna.

Ogni volta che ci trovavamo su quel balcone, mi accorgevo che lo sguardo di mio padre andava a fissarsi su un punto, in fondo, in direzione della Piazza. Quando mi azzardai a chiedergli cosa mai ci fosse in quell'angolo di balcone, mi rispose, senza commenti, che era lì che suo nonno, ovvero il mio bisnonno Ferrauto, piazzava la sua sedia nel periodo della senilità.

Don Puddu era uno dei maggiorenti di Lentini, povera di autentici nobili, il cui circolo in piazza si era talmente spopolato da essere stato costretto ad accettare affiliati borghesi. Morì piuttosto anziano, sopravvivendo alla moglie Carmela e obbligando mia nonna, la figlia maggiore, a trasferirsi nella casa paterna con tutta la famiglia, per accudire il vecchio patriarca. Dai racconti di mio padre, non era certo un tipo facile. Imponeva alla schiera dei nipoti di assistere, seduti sulle sedie ai lati della camera da pranzo, alla sua cena solitaria, che precedeva l'orario in cui i bambini facevano ritorno alle proprie abitazioni per la loro cena in famiglia. Mentre accompagnava la minestra, il formaggio, le olive e le altre cose in tavola con piccoli pezzi di pane, che tagliava di volta in volta col fido coltello da innesti, i piccoli astanti dovevano restare muti, al massimo rispondendo con brevi assenzi alle sue domandine maliziose, non reagendo alla provocazione dei nomignoli ingiuriosi che il vecchio aveva loro affibbiato. Il fratello grande di mio padre, mio omonimo, era, ad esempio, "Rucuotta Jaura", ovvero "Ricotta inacidita"[57], perché secondo il nonno era inconcludente, non assumendo mai una posizione netta: in realtà quel buon carattere conciliante e "diplomatico" gli permise di sopravvivere alla dura prigionia ingle-

---

57 La ricotta è un geniale esempio di sfruttamento totale dei prodotti della trasformazione del latte. Per fare il formaggio, si aggiunge al latte il "caglio": la parte liquida, residua dalla precipitazione della caseina e del grasso, detta "siero", anziché essere buttata, viene portata ad ebollizione e ci si aggiunge del latte e poco dopo affiora il candido aggregato, che viene mano-mano rimosso con una "schiumarola". Stando nelle tipiche forme fessurate, un tempo di paglia e ora di plastica, nei giorni successivi perde acqua e si consolida, ma va comunque consumata in breve tempo, al contrario del formaggio, altrimenti, nell'indecisione, s'inacidisce e non si può più mangiare.

se in Africa Settentrionale e poi a fare un'ottima carriera in banca, fino al ruolo di direttore della filiale di Lentini. Il cugino Giuseppe, coetaneo di mio padre e a lui legato da una vera amicizia, era invece "Cingalenta", cioè "Cinghia (dei pantaloni) Lenta", perché troppo timido e bonaccione, incline, secondo il nonno, a calarsi le braghe. A mio padre di dispregiativi ne aveva dati addirittura due: "Circulìti" (Cerca Lite), perché, al contrario del fratello e del cugino, era nervoso e tendente al bisticcio, e "Cacaladditta" (Caca in Piedi), per via della sua bassa statura. Come è evidente, nessun cenno d'affetto verso i nipoti, quasi godesse nel sottolinearne e censurarne i difetti. Che differenza coi nonni dei racconti edulcorati della nostra infanzia e delle stucchevoli attuali pubblicità televisive...

Naturalmente, il patriarca non era affabile neanche con gli adulti, se non quando gli conveniva davvero. Ad esempio con il suo barbiere, prezioso informatore su ciò che era avvenuto nel paese nei due-tre giorni della sua "assenza mentale". Questi periodi, sempre dalla testimonianza di mio padre che li aveva vissuti dall'interno della casa, in quanto trasferitovi, come già detto, da bambino al seguito di mia nonna, erano dovuti alla stitichezza ostinata, problema del quale[58] soffrivano, per ragioni che non saprei identificare, molti anziani di quelle generazioni. Dopo molti giorni di mancata evacuazione, le tossine gli facevano l'effetto dell'astinenza relativa negli alcolizzati cronici: agitazione psicomotoria con delirio zoomorfo alternata a sonnolenza. Per alcune ore della giornata si aggirava aggredendo col bastone i porcellini che si nascondevano dietro i mobili o i "pappapani" (scarafaggi) che gli parevano infe-

---

58 vedi "La funzione del telefono"

stare le pareti della stanza da pranzo; poi cadeva semi-incosciente sulla poltrona, quasi non rispondendo agli stimoli verbali e fisici della servitù e dei parenti. Alla fine si doveva per forza ricorrere al clistere, magari approfittando della sonnolenza per sdraiarlo sul letto. Le conseguenze erano invocate come la pioggia in agosto ma anche temute come la grandine distruttrice. Il volume del ristagno accumulato causava un'intera giornata di emissioni furibonde, purtroppo non solo nella stanza da letto, ma anche in altri ambienti della casa, dove il vecchio, non ancora in sé, si aggirava senza mutande e con la camicia lorda, inveendo contro tutto e tutti e minacciando col bastone in mano. Alla fine, il bombardiere, eliminato il suo carico venefico, si ritirava esausto nel suo letto-hangar. Con l'espressione felice e il colorito di un neonato, dormiva anche per ventiquattro ore. Al risveglio era lucido, di ottimo umore ed appetito, ma perfettamente conscio di aver passato diversi giorni d'incoscienza, alle prese coi suoi problemi intestinali. Per colmare l'oblio e riannodare la memoria, per conoscere i fatti del paese che gli avrebbero consentito di riprendere il controllo della famiglia e dei suoi affari, esibiva a tutti le guance irte di indecorosa ricrescita grigia e mandava a chiamare il fidato Don Carmelo. Il barbiere, fra una saponata e un'affilata al rasoio sul nastro di cuoio, veniva interrogato puntigliosamente e rispondeva con abilità diplomatica pari a quella della sua mano ferma: bisognava far credere al vecchio che né lui né alcun altro in paese sapevano del suo momentaneo black-out e le informazioni su questo o quell'altro evento erano trattate fingendo che fossero cose che Don Puddu già sapeva.

Incamerate le notizie e compensato Don Carmelo con la tariffa per la barba a domicilio più una dignitosa mancia, il bisnonno era pronto a riprendere il controllo delle sue attività. Non gli serviva uscire di casa, cosa che faceva assai raramente: bastava prendere posizione, sulla classica sedia impagliata, nell'angolo dello stretto balcone. La vista ancora buona gli permetteva di inquadrare con precisione ogni cittadino che, solo o in comitiva, risaliva la "calata ri Carrabbinera" (discesa dei Carabinieri), su cui si affacciava il suddetto balcone. La strada, in realtà Via Arrigo Testa, era così nominata per la presenza della caserma della Benemerita e costituiva la più percorsa comunicazione fra la piazza del duomo, ove si affaccia la Chiesa Madre di S. Alfio, e la parte più alta e meridionale del paese.

Il viandante, giunto in prossimità della postazione di Don Puddu, doveva alzare lo sguardo, chinare momentaneamente il capo e toccare la visiera della coppola, o meglio ancora toglierla dalla testa. Fermandosi per un attimo o sensibilmente rallentando il passo doveva rivolgersi sorridendo all'astante superiore e pronunciare il saluto canonico:
- *Baciamu le mani, Don Puddu!*
   Oppure:
- *S'abbinirica a Voscienza!*[59]

Altre forme di saluto erano consentite solo in circostanze straordinarie, ovvero festività, lutti, ed eventi eccezionali. Il vegliardo rispondeva invariabilmente *"Salutàmu"*[60], senza aggiungere

---

59 *Sia benedetta la signoria vostra!*
60 *Salutiamo!*

altro, e il passante era autorizzato a proseguire. Ma che succedeva se il malcapitato era distratto o dai suoi pensieri o da una compagnia d'amici? Don Puddu, accorgendosi che il viandante non accennava ad alzare nella sua direzione il capo e lo sguardo, iniziava sonoramente a fingere di schiarirsi più volte il catarro dalla gola:
- *Uh-Uhmmm!... Uh-Uhmmm!* – e, se il soggetto non se ne dava per inteso, ripeteva l'avvertimento con ancora maggior volume sonoro:
- *Uh-Uh-U-Uhmmmm!*

A questo punto, il passante distratto, probabilmente raggelato dal terribile muggito del vecchio, si doveva per forza fermare, rivolgere la faccia in alto, togliersi la coppola e umiliarsi in ripetute scuse:
- *M'at' ascusari Don Puddu! Mancu 'u sacciu chi pinseru tiniva 'nda testa! Baciamu le mani! Sempri s'abbinirica!*[61]

Al che, magnanimo, il bisnonno mostrava il suo perdono, senza peraltro modificare la classica risposta:
- *Salutamu!*

E nella rarissima e scandalosa ipotesi in cui il soggetto era talmente soprappensiero o con l'udito così compromesso dal chinino di stato (Lentini era zona altamente malarica) da non sentire neanche il potente monito proveniente dal balcone? Il patriarca sbottava in un insulto breve ma sdegnato:
- *Ahì, vastàsu!*[62]

---

61 *Perdonatemi Don Puddu! Non so proprio che pensiero mi abbia distratto! Baciamo le mani! Che siate sempre benedetto!*

62 *Ahi, maleducato e sporcaccione!*

Al reo di mancata deferenza non restava che bloccare la sua marcia, profondersi nelle più disperate scuse e richieste di perdono, che peraltro non veniva completamente accordato:
- *'Cu talìa sulu 'n terra, 'n ghiornu o l'autru finisci ca canusci u ggiurizziu 'ru Cielu!*[63]

Se poi invece, vergognandosi e fingendo ostinatamente di non sentire, il viandante proseguiva a testa china il suo percorso, superando il balcone, Don Puddu lo bollava col peggior marchio d'infamia:
- *Ahì, vastàsu!* – ripeteva – *Cuosa tinta! Chiffà 'n ci senti? Iù, chiddi com'attia m'accattatu e appò m'a vinnùtu!*[64]

---

[63] *Chi guarda solo per terra, un giorno o l'altro gli tocca subire il giudizio del Cielo!*

[64] *Ahi, maleducato e sporcaccione! Pusillanime! Cos'è, sei sordo? Io, quelli come te, prima me li compro a poco e poi me li vendo perché non valgono nulla!*

Ricci (e alghe)

A differenza del mare di Ostia, frequentato sporadicamente in giugno e più regolarmente in settembre, quello siciliano aveva odori ed ospiti non del tutto graditi al naso ed alla pelle di un bambino. Le alghe a lattuga erano quasi costanti sulla spiaggia e dentro il mare di Vaccarizzo, e di tutto il litorale da Agnone Bagni alla *Playa* di Catania, salvo nei giorni in cui il ponente spazzava tutto. Ma ci si poteva abituare, perché erano morbide e "fresche", prevalentemente in banchi, lasciando ampie zone di acqua bassa in cui nuotare.

Molto più fastidiose erano le ghirlande marroni di quelle che mio padre chiamava *"sargassi"*, sparse fra gli scogli e gli anfratti cavernosi di Castelluccio. Il contatto, sebbene non urticante, era ruvido, specie se si prendevano in faccia, e rendeva le piccole nuotate infantili poco serene.

Le posidonie, invece, le ricordo tutte concentrate in una piccola spiaggia di Arcile, ammassate a seccare sulla riva, in un forte odore di marcio-sulfureo del tutto caratteristico. Un tripudio di pulci di mare ed altri insettini. Per fuggire da questi e dall'odore intenso, toccava affrontare le pietre della battigia, poco gradevoli anch'esse ai piedi dei bambini. Ma che sollievo fu sdraiarcisi sopra esausti, quando la zattera costruita da me e dal mio amico con tavole abbandonate e bombole di gas vuote fece naufragio, dopo un concitato varo dall'insenatura di casa sua e un brevissimo viaggio!

Non arrivammo mai allo scoglio della Baronessa, nostra meta, perché gli scalmi si spezzarono e i remetti del canottino Pirelli erano del tutto inadeguati alla stazza del nostro natante. Delle quattro bombole, una si sganciò al contatto con la battigia e mi toccò anche nuotare per riportarla a riva: più che altro per il valore del vuoto: di barche o gommoni per le quali avrebbe costituito pericolo non ne passavano sottocosta che una o due a settimana.

L'odore di quel mare di Sicilia, sebbene diverso da baia a baia, era intensissimo, più forte di qualsiasi altro che avevo fino ad allora annusato; persino di quello della Calabria, meta dei bagni rinfrescanti delle tappe intermedie di quando scendevamo da Roma. Ad Acitrezza era il più forte di tutti, ma anche il più bastardo e sgradevole per via degli scarichi a mare delle ville aggrappate sulle rocce nere.

La nobile summa di quell'odore si trovava dentro quei misteriosi oggetti neri, sassi inerti e pungenti all'apparenza, ma invece animali vivi all'osservazione da vicino. Per i ricci avevo la naturale avversione di chi ha sentito gli aculei entrare nei propri piedi e soprattutto visto quelli massacrati di adulti nuotatori poco esperti che cercavano di camminare sulle pietre o risalire dagli scogli; ma anche l'attrazione per le prede di pesca, che vedevo ingrossare i sacconi di rete dei ragazzi muscolosi, muniti di maschera, boccaglio e coltello. Il primo che presi fu a mani nude, con la maschera azzurra di mio padre, in cui il buco per il boccaglio, troppo difficile da usare per un bambino, era stato chiuso con un tappo di sughero. Avevo appena fatto il secondo brevetto in piscina, superando con

30/30 di voto la prova del "recupero oggetto": non fu difficile. Risalii in superficie tenendolo delicatamente ed alzai la mano trionfante in direzione di mio padre, che poi costrinsi a furia di preghiere e piagnistei a farmi una foto, in acqua e con la mia preda, per immortalare l'impresa. Ci rimasi un po' male quando mi dissero che si trattava di un maschio e che bisognava gettarlo di nuovo in mare. Non mi ci volle molto, però, per imparare a distinguere quelli buoni, le femmine, dalle spine più corte e con riflessi di rosso, marrone, viola o verde. Il primo riccio "buono" che presi, mio padre me lo fece assaggiare dalla punta del coltello, lo stesso che aveva usato per rompere il guscio, dopo aver sciacquato direttamente in mare i pallini delle "cacche". Quando le uova arancioni passarono dalla mia lingua all'interno della bocca, si diffuse, per l'appunto, quell'odore-sapore fortissimo, penetrante e perdurante, che non ha pari né in quello regale delle ostriche, né in quello burroso e inebriante delle teste di gambero rosso. Il vero sapore del mare.

Proebbido entrari ("The King")

Il "The King" – il nome veniva sicilianizzato e pronunciato senza il corretto "th" dentale, con un suono più simile ad una lingua orientale, "U Techinchi" – fu il primo vero stabilimento balneare nei dintorni di Lentini.

Prima della sua apertura, l'esclusivo sfogo marino della cittadina agrumicola era stata la scura spiaggia di Agnone Bagni, situata più a sud. Lì, fin dalla fine dell'ottocento, le famiglie dei possidenti lentinesi avevano iniziato a compiere gite domenicali, forse incoraggiate dai racconti di qualche conoscente spintosi in Versilia, in Romagna o addirittura in Costa Azzurra, per commerciare al Nord le rosse e squisite arance lentinesi. Mia nonna mi raccontava di comitive di carretti pieni di parenti che partivano dal paese di buon'ora, *cu' u friscu*[65]. Arrivati ad Agnone, i capi famiglia, sapienti conduttori, facevano allineare i carretti con le stanghe perpendicolari alla strada ed alla spiaggia ed obliquate verso l'alto, mentre le bestie venivano staccate e legate all'ombra, sotto qualche carrubo. Ai carretti venivano legate delle grosse corde, con l'altro capo ancorato a largo da un pescatore con la barca. Reggendosi alle corde, le fanciulle, pudicamente avvolte in poco sgargianti costumi che le coprivano dal collo alle caviglie (altro che Burkini!), assaggiavano l'acqua di mare, giocando e schizzandosi, mentre i maschi più giovani e spericolati si esibivano in brevi ma intense nuotate. Il tutto

---

65 *Col fresco*

stuzzicava l'appetito, per la tradizionale mangiata domenicale, nella variante di pietanze adatte alla preparazione anticipata ed al trasporto. Avendoci preso gusto, per evitare i fastidi del viaggio, le famiglie iniziarono a far costruire da abili *mastri 'i r'ascia*[66] dei capanni in legno, poggiati, sul lato della spiaggia scoscesa, su stabili palafitte. Queste "barracche", che venivano ufficialmente aperte dalle mamme agli inizi di giugno e richiuse tristemente da dopo ferragosto ai primi di settembre, divennero status symbol della borghesia agraria e delle professioni e proliferarono fino a trasformare radicalmente Agnone Bagni. Inizialmente di notevole bellezza naturale, nella mia memoria infantile degli anni '60 è fotografato come piuttosto claustrofobico e maleodorante.

Il "The King" sorgeva invece più a nord, verso Catania, in località "Vaccarizzo", dove, dietro le file delle coltivazioni di mandarini, adatte al terreno sabbioso, si allungava per chilometri una spiaggia chiara, con acqua inizialmente poco profonda. Dopo la deviazione dalla SS 114, ci si arrivava per la solita trazzera gobbuta e polverosa, seguendo una non facile segnaletica e superando vecchie masserie semi-abbandonate. Lo spazio del parcheggio era largo ed accogliente, con canonici posti all'ombra di cannucce sostenute da pali metallici. La zona centrale, in muratura, aveva bar, servizi igienici, magazzini e spazio aperto per ristorante, all'ombra di tendoni e incannucciate, dove venivano serviti, all'ora di pranzo, semplici piatti di pasta, cozze e fritti di pesce. Il gestore, socio fondatore, insieme a due cugini dal mio stesso cognome, aveva una magrissima moglie continentale, dal sorriso molto dentato, che

---

66 *falegnami*

esibiva impeccabili bikini con bordi di pizzo. Mi sorrideva sempre, quando ci fermavamo al bar prima del triste ritorno a Lentini per il pranzo. Avrei voluto che ci fermassimo a mangiare lì, o quantomeno che mi comprassero una di quelle squisite aranciate San Pellegrino, che, con le loro panciute bottigliette, erano il massimo della seduzione. Invece a me e mia sorella ci toccava smezzare una fastidiosa e gasatissima acqua Ciappazzi o Pozzillo, mentre i miei a volte si godevano una birretta Messina gelata.

Il guardiano, Don Pietro, era un pescatore, simpatico e cotto dal sole, con occhi e capelli nerissimi. Torbidi ma tollerati precedenti giudiziari ne giustificavano il rispetto universale da parte di soci-proprietari, gestore e bagnini. Aveva un paio di barche, che portava in secco sulla spiaggia, con le quali andava a gettare le reti di buon mattino; più tardi, prima di mezzogiorno, coinvolgeva i bagnanti maschi nel ritiro e nel riavvolgimento, che avveniva direttamente sulla spiaggia. In cambio dell'aiuto, offriva ai collaboratori un bel pesce a loro scelta. Mio padre ogni tanto se ne guadagnava qualcuno e lo portava a mia nonna, in paese, per essere cucinato direttamente a pranzo o, con più calma, la sera. Per me era come stare al cinema: la fatica, il sudore, i muscoli contratti di quelli che si alternavano a tirare la rete, l'incitamento del pescatore/guardiano. E poi quegli esseri guizzanti, argentati, che schizzavano sulla battigia e le sapienti mani di Don Pietro che ributtavano in mare i pesci "vili" (razze e palombi, di cui sono ghiotti i romani, in Sicilia non li mangiavano neanche i poveracci) e trasferivano nelle cassette i più apprezzati. Qualcosa vendeva lì per lì (a volte mio padre comprava), qualcosa portava al ristorante del "The King" e qualcosa

caricava sulla *lapa*[67], col cassone coperto e le bacinelle col ghiaccio, per le pescherie in paese. Molte mattine, invece di andare a gettare la rete, all'alba usciva in barca per *ittari a bumma*[68] pesca illegale, il cui segreto era conosciuto da tutti e sussurrato dagli adulti fra di loro, con risolino omertoso, dopo aver risposto ai bambini come me, che trovavano ogni tanto un pesce che galleggiava a pancia in su:
"Non ti preoccupare, avrà mangiato qualcosa che gli ha fatto male, poverino!"

I bagnini erano giovinastri dalle più diverse tipologie fisiche: dai brachitipi scuri, ricciuti e muscolosi, agli allampanati un po' curvi, di pelle chiara, fino ai rari e splendidi esempi di biondi siciliani. Non potendosi dedicare, a causa dei più che rigidi costumi isolani, ad una vera attività di "rimorchio", come i più fortunati colleghi romagnoli o versiliani, la loro perenne battaglia si svolgeva su due principali fronti: lo spionaggio delle ragazze che si spogliavano nelle cabine e il drenaggio di spicciolame dai bagnanti.
La prima attività era svolta mediante i classici fori nelle pareti delle cabine: tapparli la missione delle donne più o meno giovani, sturarli o aprirne di nuovi quella dei focosi voyeur siculi. Le cabine erano allegre e moderne, comprate da mio cugino, socio del The King, da una ditta del riminese: telai di legno bianco, pareti in plastica ondulata rossa o verde (settore a destra o a sinistra del corpo centrale) e tetti in Eternit.

---

67 Ape (motocarro della Piaggio)

68 Lanciare la bomba

La seconda attività dei bagnini, oltre che sui sorrisi a trentadue denti al capofamiglia o alla signora affaccendata, cui veniva cavallerescamente sottratto, dall'entrata dello stabilimento alla cabina, il fardello delle borse degli asciugamani e dei giocattoli dei bambini, si basava sulle scritte vergate in più punti dell'interno delle cabine, sulle assi orizzontali di legno:
"TARE LA MANGIA AL BAGNINO" si raccomandava ovunque.
Noi, scolaretti con pagelle da "tutti dieci e un nove in condotta", ridevamo di quegli errori grammaticali e ancor più del cartello affisso sulla porta del grande locale senza finestre, adibito a deposito del materiale di spiaggia ed a "rest room" dei bagnini, che ammoniva minaccioso: "PROEBBIDO ENTRARI".

Il mio eroe del *The King* era il cugino Turi, socio fondatore e nipote di un fratello di mio nonno. Oltre vent'anni più grande di me (per questo lo chiamavamo "zio Turi"), simpatico, estroverso, affettuoso, scapolo impenitente, *fimminaru*[69] e viveur, generoso nel farmi maneggiare il cambio della sua FIAT Seicento (e dopo della magnifica 850 sport), con la spia della riserva perennemente accesa, e nel comprarmi, di nascosto dai miei, le grosse gomme americane rosa, succulente di aromi artificiali: era l'anello di congiunzione fra il mondo degli adulti e quello di noi bambini. Ora è semplicemente "Turi", un po' acciaccato per l'età ma sempre sulla breccia, dopo una gloriosa stagione politica negli anni '70: io per lui sono sempre *u' cucineddu*[70] o *ma cumpari*[71].

---

69 Sciupafemmine.

70 Cuginetto.

71 Mio compare.

La spiaggia di Vaccarizzo, su cui insisteva il The King, era all'altezza della situazione, con l'acqua bassa, rassicurante per mamme e bambini, e la sabbia chiara e fine. A volte le correnti portavano delle alghe verdi, che chiamavamo "lattughe", poco fastidiose. In quella spiaggia ho fatto i miei primi esperimenti natatori, con "morto a galla", stile libero a cane e rana spontanea. Negli ultimi anni di frequentazione, avendo fatto a Roma i brevetti della scuola nuoto ed essendo addirittura entrato nella squadra agonistica juniores, mi toccava fare, sorvegliato da mio padre in maniera arcigna, degli allenamenti quotidiani, doppiamente odiosi: per la noia intrinseca e perché mi sottraevano al gioco con gli altri bambini.

Un anno portai da Roma il mitico ACQUAKART. Lo avevo visto su una rivista o su un catalogo e me ne ero subito innamorato. Si trattava di un piccolo pedalò, monoposto, venduto alla Rinascente in kit da montare. Sulla rivista c'era scritto anche il prezzo, 14.000 lire, davvero esorbitante per l'epoca. Ma avevo da parte i soldi dei regali dei compleanni e di Natale, in parte custoditi in un forziere giocattolo e, facendo i conti, ci arrivavo! Nell'eccitata attesa del ritorno a casa dei miei, scrissi su tanti bigliettini "Ce la faccio!" e quando sentii le chiavi nella serratura della porta, corsi all'ingresso e tirai addosso a mio padre e mia madre i volantini pubblicitari. Inteneriti dal mio entusiasmo, i miei fecero una deroga ai morigerati costumi della famiglia e mi regalarono il natante-giocattolo senza farmi intaccare i risparmi. Al trionfale ritorno dal grande magazzino di Piazza Fiume, dalle magnifiche scale mobili con vista esterna, piazzai il grosso pacco nella mia minuscola stanzetta: lo sorvegliavo anche di notte. Alla prova dei fatti, l'Acquakart si rivelò una delusione quasi totale: lento (superato non solo dai pattini, ma anche dai canottini Pirelli degli altri bambini), fragile (un pilone galleggiante si forò quasi subito richiedendo un'antiestetica toppa), difficile da dirigere (il timone si staccava sempre) e inadatto ai giochi collettivi perché non ci si poteva andare in più di un bambino. Oltretutto durò una sola stagione: l'anno dopo, le cinghie di cuoio che connettevano il telaio ai piloni avevano le fibbie totalmente arrugginite e inservibili. Rimediato con del fil di ferro, si bucarono quasi subito entrambi i piloni e l'Acquakart finì smontato, ad arrugginirsi del tutto nel garage di mio nonno a Lentini, triste monumento alla prima grande delusione della mia infanzia.

Trattative

Le giornate estive per un bambino della borghesia lentinese non dovevano essere particolarmente eccitanti, specie per il periodo in cui, finite le scuole, si indugiava in paese.

Le famiglie dei miei parenti e conoscenti, in generale piuttosto benestanti, non usavano trascorrere lunghi periodi fuori dalla Sicilia. Facevano eccezione le "cure termali": si "passavano le acque" a Fiuggi, a Montecatini o a Chianciano e, prima e dopo i soggiorni, in inverno, le virtù medicamentose dei vari luoghi erano argomento di dibattito, specie femminile. Adeguato condimento di disquisizioni e lamentele sulle proprie patologie:

- *Nenti è megghiu ri l'acqua 'i Fiuggi. Doppu 'na simana...*[72]

- *Ca certu! Su tu soffri ri rreni... Pimmìa, Chianciano è megghiu assai! Iaiu u ficatu spasciatu... assira nun potti diggerìri nenti: m' arristanu tuttu'cuosi na vuccalamma!*[73]

- *A picchì, chi mangiasti?*[74]

- *A nenti... 'na schidda 'i frummaggiu, quattru alivi a puddascedda e 'du pipuzzi, cu' 'na fiduzza 'i pani*[75]. (In realtà: svariate fette di canestrato

---

72 *Niente è meglio dell'acqua di Fiuggi! Dopo una settimana...*

73 *È chiaro: tu soffri di reni... Per me, invece, è molto meglio Chianciano! Ho il fegato fuori uso... Ieri sera non ho potuto digerire niente: mi è rimasto tutto sullo stomaco!*

74 *E perché, che ti sei mangiata?*

75 *Niente... un pezzetto di formaggio, quattro olive alla "pollastrella" e due peperoni, con una fettina di pane.*

col pepe, mezzo barattolo di olive schiacciate, disossate e poi condite con olio, aglio, menta, zucchero e aceto, una scodella di peperoni arrostiti galleggianti nell'olio, accompagnati da mezza *vastedda*[76] di pane).

Se alla conversazione erano presenti dei maschi, specie se poi si svolgeva a tavola, non mancavano le prese in giro, che attingevano ai proverbi popolari:
- Il vostro problema è che siete fissate con l'acqua. Se invece beveste più vino...
- Vero è... – faceva da sponda il compare - ... *Comu si rici: "Supra a sasizza, u vinu c'appizza!"*[77] – e trafiggeva con la forchetta un luccicante *caddozzu*[78] di salsiccia, lasciata riposare fra due piatti dopo essere stata sapientemente cotta alla brace del *cufuni*[79] sul balcone, ed ora offerta calda ma non bollente ai commensali.

Una delle signore, a quella vista, alzando mezzo labbro in segno di lieve disgusto e volendo tenersi leggera, si serviva di una bella cucchiaiata di ricotta, giunta in mattinata direttamente dal pecoraro di famiglia:

---

76 Pagnotta rotonda o elissoidale di pane di grano duro, cotto a legna.

77 *Come si dice: "Il vin, più d'altra cosa, con la salsiccia si sposa!"*

78 Intraducibile: elemento singolo della salsiccia, fra una legatura e l'altra.

79 "Barbecue" di piccole dimensioni, a carbonella, in genere piazzato sul balcone o in strada, accanto alla porta di casa.

- Ecco, mia cara, brava! – sentenziava il marito - Questo caso, come per i *cacuocciula*[80], fa eccezione. Qui ci vuole veramente l'acqua... *Supra a rucuotta u' vinu c'abbuotta!*[81]
- Ma... *Supra u' mannnarinu nun c'è megghiu ro' vinu!*[82] – gli faceva da sponda l'amico commensale, afferrando la profumatissima primizia, con la buccia venata da sfumature oro e verdolino, proveniente dalla loro proprietà più vicina al mare, dove il terreno sabbioso era ritenuto adatto ai mandarini.

Fatto sta, quindi, che, esclusi i citati soggiorni di salute presso località termali, ben poche famiglie si trasferivano per l'estate in case al mare o da villeggiatura. Quello che divenne d'uso comune negli anni '70 e successivi, con la lottizzazione abusiva e la cementificazione selvaggia di gran parte del litorale fra la foce del San Leonardo e il porto di Augusta, era allora piuttosto raro. Ricordo i miei parenti più ricchi che avevano una meravigliosa villa, firmata da un architetto degli anni '30, ad Acitrezza[83]. Per me era fonte di stupore ed ammirazione: il meraviglioso giardino, la terrazza panoramica, la barca rimessata con un argano contro le mareggiate e l'incredibile numero delle stanze. Un altro bambino, più grande di me ma molto simpatico, figlio di un cugino di mio padre, mi raccontava di Giampilieri, località sulla costa messinese con acqua limpida ma freddissima.

---

80 Carciofi.

81 *"Vino e ricotta, la pancia poi sbotta".*

82 *"Assieme al mandarino non c'è di meglio che il vino!"*

83 Vedi "Pasquetta"

La tradizione ottocentesca di trasferirsi d'estate nelle case di campagna si era invece quasi completamente perduta: ricordo solo una famiglia, abbiente ed orgogliosa del suo grande agrumeto, peraltro molto vicino al paese. Per lo più la borghesia del boom economico italiano, anche in Sicilia, cercava di voltare le spalle al passato contadino e ad esaltare i valori delle comodità moderne, del tutto contrastanti con le atmosfere agresti. Mio padre, distinguendosi da tutto il parentado, restaurò nel 1970 una porzione della masseria della proprietà che era stata comprata dal suo nonno materno alla fine dell'ottocento e poi divisa in tre parti, per farne la dote di mia nonna e delle sue due sorelle. Con grande scandalo, iniziammo da allora a trascorrervi molti mesi estivi: com'era possibile che dalla capitale, ricca di servizi moderni, della gente venisse a rintanarsi in una casaccia di campagna semi-diroccata? Ma si tratta di un altro periodo e di altre storie[84].

La maggior parte delle famiglie lentinesi, quindi, restavano in paese, salvo trasferirsi per alcuni periodi, magari in alternanza con parenti comproprietari, nelle *barracche* di Agnone Bagni. Si tratta di una spiaggia scura, la più vicina a Lentini, in cui sorgevano costruzioni a palafitta in legno, piantate direttamente sull'arenile.

Era esattamente quello che facevano i miei cugini Nunzio e Ciro. Ad Agnone avevano la *barracca* dei nonni e ogni tanto ci bazzicavano, specie nei fine settimana. Poi, in settembre, facevano un viaggio nel continente, con l'automobile, fermandosi prima in Calabria e poi a Fiuggi. Ma era un altro periodo e noi eravamo già par-

---

84 Vedi "Cielo Stellato".

titi: il nostro soggiorno lentinese era in luglio/agosto e, per lo meno nei giorni feriali, i cugini passavano la mattinata a casa. Noi – altro particolare che ci distingueva – tutti i giorni andavamo al mare, a mezza mattina, e ci restavamo fino all'ora di pranzo, per poi tornare a Lentini, dove ci aspettava la classica *pasta 'cca sassa, mulingiani friuti e rucuotta salata*[85]. Quello che negli anni sessanta quasi tutti i giorni mia nonna ci preparava per il pranzo estivo corrisponde nientemeno alla famosa "Pasta alla Norma", presentata sui menù dei ristoranti siciliani di Roma con pomposa evidenza.

La diversione al mare, quindi, non occupava più di due-tre ore, compreso il viaggio: il tempo di un bel bagno e di una doccia improvvisata, con la tanica riempita d'acqua dolce che tenevamo nel bagagliaio. Questo quando mio padre sceglieva un posto di scogli – ad esempio Castelluccio o Brucoli -, cui si giungeva per polverose trazzere e desolate distese di pietre calcaree ed erbacce riarse. A volte, specie la domenica, quando le suddette località scogliose venivano prese d'assalto da plotoni provenienti dall'entroterra, armati di teglie di pasta al forno, *bummuli*[86] d'acqua fresca, giganteschi *muluni i' r'acqua* (cocomeri) e camere d'aria di camion ad uso

---

85 Con salsa di pomodoro, melanzane fritte e ricotta salata.

86 "Bombolo", ovvero recipiente di terracotta di dimensione media, per tenere l'acqua in fresco. La terracotta, non verniciata, assicura un micro-passaggio di umidità dall'interno del vaso alla superficie esterna, ove l'evaporazione, per principio fisico, fa abbassare la temperatura e contribuisce a mantenerla fresca. La classificazione dei contenitori di terracotta siciliani dovrebbe essere, in ordine dimensionale decrescente: Giara, Quartara, Bummulu e Bummulicchiu.

salvagente, sceglievamo invece l'organizzata comodità del lido "The King"[87], in località Vaccarizzo.

Fatto sta che, nei giorni feriali, venuta l'ora della partenza da Lentini per il mare, chiedevamo ai nostri genitori se potevamo invitare Nunzio o Ciro, per farci compagnia. Raramente tutti e due, perché avrebbe significato essere in sei in macchina, cosa consentita solo se prendevamo la Brunilde, che era veramente all'americana. Il cambio al volante e l'assenza di cloche o leva del freno ad occupare lo spazio fra il conducente ed il passeggero consentivano un ampio divano anteriore unico, in grado di ospitare un terzo occupante centrale, meglio se bambino. Con in mano le borse del mare, suonavamo al portone di ferro che faceva accedere al giardino della villetta, a pochi passi da casa dei miei nonni. Scattava l'apertura elettrica del cancello e dalla porta di ingresso, a destra del giardino, si affacciavano Nunzio o Ciro, o tutti e due, con un debole sorriso, in cui l'educata cordialità non riusciva a nascondere la millenaria diffidenza siciliana, facile a scivolare in rassegnata accidia, vero collante dei geni greco-arabo-normanno-catalani dei conquistatori dell'isola. Dopo gli stringati convenevoli di buongiorno, questo era il copione classico del dialogo che seguiva:
- Nunzio, vuoi venire al mare?
- *Acchissàcciu... Unni stati iennu...?*[88]
- A Castellucio. Dai, forza, è bello! Facciamo i tuffi...

Nunzio continuava nel sorriso educato ma non diceva né sì e né no:

---

87 Vedi "The King".

88 *Che ne so... Dove state andando?*

- Ciro, allora vieni tu!
- *A... mi suddìu...*[89] – era la risposta classica del fratello minore. Chissà cosa poteva seccarlo ed annoiarlo nella nostra breve e rinfrescante escursione marina? Che avrà avuto da fare nella villetta? Probabilmente niente, era solo pigrizia distillata:
- *A pirchì?*[90] – lo spronava mio padre in dialetto, cercando di smuovere la situazione.
- *A pirchìssu!*[91] – la risposta netta di Ciro, *nonsense* ma conclusiva.
- E dai Ciro! – insistevo io, che, essendo davvero piccolo, poco capivo, sempreché adesso ci capisca, di psicologia. Il risultato era di palesare la dose di irritazione, già implicita nella precedente risposta a mio padre:
- *Avanti uora, bbì!*[92] – esplodeva il minore fra il lamentoso e il seccato.

Ecco allora intervenire mia sorella, in genere suadente nella sua gentile autorevolezza di quasi coetanea del fratello maggiore, per di più nata a Lentini, nel tentativo di far breccia sull'altro fronte:
- E dai Nunzio, vieni tu!
- *Acchissàcciu...* – ripeteva, ma in modo più tentennante – *M'aviss'a mettiri u custumi... aviss'a circari a tuvagghia...*[93] - Ci parlava in dialetto,

---

89 *Mmm... mi annoia...*

90 *Ma perché?*

91 *Per questo!* (Come dire "Perché sì!)

92 *Uffa, adesso basta!*

93 *Dovrei mettermi il costume... dovrei cercare l'asciugamano...*

ben sapendo che lo capivamo alla perfezione, anche se noi ci esprimevamo in italiano.
- Dai, mettiti il costume, 'ché un asciugamano pulito per te ce l'abbiamo noi!

Alla fine Nunzio, il più malleabile e bonaccione dei due, crollava:
- *Avanti va!*

Scompariva in casa, per mettersi le mutande da bagno, e ci faceva felici.

Le leggende del mio Santo

Il mio nome, Alfio, è quello del Santo patrono di Lentini. Un tempo in paese era molto usato, sia dal popolino che dai benestanti, per battezzare i bambini. Ora è praticamente estinto, molto probabilmente in relazione al complesso di inferiorità delle genti del Sud, che oggi preferiscono di gran lunga registrare la prole all'anagrafe con nomi continentali o addirittura americani. Televisione, cinema e altri mezzi di diffusione fomentano un'ansia di modernità che porta a considerare i nomi propri della tradizione come provinciali, antiquati e cacofonici. D'altro canto, la fine della famiglia patriarcale o matriarcale ha fatto venir meno l'esigenza di marcare i/le primogeniti/e o i figli successivi coi nomi dei nonni, di cari parenti defunti, oppure di zii facoltosi dei quali fa gola l'eredità. Anche l'annacquarsi della religiosità popolare, che spingeva a cercare per il neonato la protezione di un nume tutelare e poi, in periodo cristiano, di un santo protettore, contribuisce al fenomeno dell'oblio dei nomi propri locali tradizionali, che resistono solo in piccoli ed orgogliosi ambiti, sempre più circondati dalla massificazione culturale.

Negli anni sessanta a Lentini era pieno di adulti e bambini che si chiamavano "Alfio": la cosa mi disturbava un poco, perché invece a Roma c'ero praticamente solo io (beh, alle medie, nell'istituto ce n'era un altro, di famiglia catanese) a chiamarmi così, ed era molto comodo. Non c'erano equivoci o scambi di persona e non mi dispiaceva più di tanto spiegare la mia origine per metà sicula: tutt'al più mi dovevo difendere dall'associazione al mio nome di "compare", cliché automatico per i patiti della lirica e giustamente amanti della Cavalleria Rusticana. In effetti è una delle opere che preferisco: asciutta, intensa, melodie sublimi in impianto "moderno": che sia gloria a Mascagni e al suo più geniale lavoro! Da bambino soffrii, quando sentii raccontata la trama e poi lessi la novella di Verga da cui è tratta, scoprendo che il mio omonimo compare nell'opera non è certamente una figura positiva. Ingiustamente geloso, è pure un po' vigliacco, ricorrendo al sotterfugio di accecare Turiddu con una manciata di sabbia prima di sferrare la coltellata mortale. In ogni caso, è sicuramente grazie ai melomani, che il nome "Alfio" si è diffuso anche sul continente. Oltre che in Puglia (a Vaste, ove il santo e i suoi fratelli sono nati, nel III secolo), ce ne sono nelle zone di maggior tradizione operistica, come l'Emilia, le Marche e la Toscana.

Comunque Sant'Alfio, a dispetto del posto secondario o terziario attribuitogli nei calendari il 10 di maggio - cari Antonino Vescovo, Fabio ed altri usurpatori, state alla larga da chi vi ha preceduto di secoli nel palco privilegiato del Paradiso e riferite al buon Dio di mandare un sms o una mail in Vaticano per far tornare il mio santo a primeggiare sul 10 di maggio, come ha pienamente diritto! - non è un santo qualsiasi. È un martire con la "M" maiuscola, leader di un terzetto completato dai fratelli minori Filadelfo e Cirino, ovviamente anch'essi santi e martiri. Un po' come del secolo ventesimo furono John Lennon, Mick Jagger o Freddie Mercury per i rispettivi gruppi rock.

Di nobile e facoltosa famiglia pugliese, recentemente convertitasi al cristianesimo, i fratelli si rifiutarono di obbedire all'editto dell'imperatore Decio, che imponeva ai giovani maschi patrizi di compiere solenni sacrifici agli dei pagani, per simboleggiare la totale sottomissione alle leggi imperiali, e si imboscarono nei dintorni di Vaste, loro città natale. Scoperti e fatti prigionieri, rifiutandosi di sottomettersi a precetti per loro sacrileghi, e sordi a lusinghe e minacce, furono condotti prima a Roma, ove neanche il carcere Mamertino li convinse a recedere. Quindi furono trasferiti a Pozzuoli e infine in Sicilia, ove il potente e ricco governatore Tertullo, rigoroso, spietato e integerrimo funzionario imperiale, avrebbe di sicuro domato i riottosi fratelli neo-cristiani. Ma il malvagio, fattili condurre a Lentini, sua sede preferita nell'isola, non riuscì nell'impresa, neanche con i maltrattamenti e le torture. Li fece uccidere, allora, in maniera ignominiosa e umiliante, col martirio.

Nell'antichità – forse un po' anche tuttora - il popolo considerava una fine composta e dignitosa e il riconoscimento collettivo nei confronti del defunto come segno di benevolenza divina, compenso per una vita proba e temperata. Veglie di moribondi, preghiere, pompe funebri, tombe e cimiteri, messe da morto recitate o musicate, necrologi ed epitaffi, furono e sono testimonianza di questo semplice concetto. Ragionando all'opposto, nelle intenzioni del potente, una morte violenta e disgustosa, lo spregio e il vilipendio della salma, che da sempre aizzano le folle, dovrebbero far perdere il prestigio popolare e sociale nei confronti del giustiziato, dei suoi ideali e della loro influenza sulla gente. I turchi impalati da

Vlad Tepes conte "Dracula", i briganti ed eretici lasciati scheletrire nelle gabbie sopraelevate ai lati delle porte delle città medievali, i partigiani impiccati lasciati penzolare con la scritta "traditori" annodata al petto, sono un esempio dell'utilizzo di questo millenario concetto.

Ma da Gesù Cristo in poi si è rovesciato il tavolo della storia: la bestiale eccitazione per il sangue versato e il timore della forza del vincitore non funzionano più come catalizzatore positivo sull'immaginario pubblico: al contrario, la pietà per la vittima, l'orrore per la violenza ingiustificata e l'immedesimarsi nell'impotenza dell'innocente agnello sacrificale si ritorcono verso il potente come un boomerang, tardivo ma inesorabile. Ed ecco il martirio che si insedia, assumendo il massimo valore positivo, nel cuore dei devoti. Filadelfo fu arrostito su una graticola, Cirino immerso in olio bollente, mentre ad Alfio, prima di altre mortali ferite, fu strappata la lingua con una tenaglia: questa tragica fine, oltre alla giovane età e (pare) il bell'aspetto, fu la fonte della devozione popolare e infine della loro canonizzazione. E creò, naturalmente diverse leggende.

Non mi soffermerò su quelle di cui ho letto di recente, come la leggenda delle orme di zoccoli di cavallo sulla volta della grotta ove i tre santi furono tenuti in catene prima del martirio, o quella del Simeto, che si divise in due, come il mar Rosso, per farli passare e poi richiudersi su parte dei malvagi soldati che li scortavano, o ancora quella dell'epidemia di peste che la santità dei tre fratelli fece cessare a Lentini.

Molto più belle sono le storie che mi raccontava mia nonna e che io ascoltavo rapito:

"*Sant'Affiu si ni scinneva, 'n catini, ri Missina 'ppi Lintini...*"[94]

Dunque, il mio santo era condotto a piedi, prigioniero, nella strada da Messina a Lentini, e una piccola folla di curiosi e sfaccendati seguiva il corteo. Ed ecco che, passando per un borgo ai piedi dell'Etna, si avvicinò un mendicante e gli chiese l'elemosina.

"*Sant'affiu scaliò na sacchetta e nisciu tri castagni... U sapiti chi sunu i castagni?*"[95] si interruppe mia nonna rivolta ad alcuni amici continentali che ascoltavano per la prima volta il racconto.

"Sì... le castagne!" risposero, alquanto perplessi perché di tutta la frase in dialetto "castagne" era l'unica parola che avevano capito. In seguito spiegai loro che il santo aveva cercato nella tasca e aveva tirato fuori l'unica cosa che aveva, per l'appunto i tre frutti autunnali.

"*Tè 'ca, amicu miu, sulu chissi iaiu, ma ti li rugnu cu' tuttu lu 'cori, ci rissi Sant'Affiu. Ma iddu, 'u puvirazzu, quannu ci rìssunu 'cu iera l'omu 'n catini, nun 'sa firò a mangiarisilli...*"[96]. Io immaginavo il mendicante cui il fulgore della santità del giovane e generoso prigioniero faceva chiudere lo stomaco.

"*Ie allura, scànciu i mangiarisilli, i 'cchiantò a latu 'ra strata...*"[97] Così si concludeva la leggenda raccontata da mia nonna, suscitando in me commozione e meraviglia: col fatto che nel punto dove

---

94 "*Sant'Alfio era condotto in catene, scendendo da Messina verso Lentini...*".

95 "*Sant'Alfio rovistò nella tasca e tirò fuori tre castagne... Lo sapete cosa sono le castagne?*"

96 "*Prendile, amico, ho solo queste, ma te le dono con tutto il cuore, gli disse Sant'Alfio. Ma lui, il mendicante, quando gli dissero chi era quell'uomo in catene, non osò cibarsene...*".

97 "*E allora, anziché mangiarsele, le piantò ad un lato della strada...*".

l'accattone aveva sotterrato le castagne nacquero tre alberi, ora enormi e millenari, da cui poi prese il nome il borgo, tuttora denominato "Trecastagni".

Per correttezza, devo dire che la versione trovata su Wikipedia parla invece di una pia donna che dona ai tre fratelli altrettante castagne. Loro poi le avrebbero piantate, dando origine alla crescita miracolosa. A voi la scelta fra le due narrazioni. Non so, a me quella appena riferita pare assomigliare troppo alla favola di Jack e il Fagiolo. Non c'è partita: la versione di mia nonna mi sembra assai più bella ed evocativa. Ma sono sicuramente di parte.

L'altra leggenda che qui riferisco è quella della lingua del santo. Mia nonna, quando me la raccontò la prima volta, mi portò, arrancando col suo bastoncino, su una terrazzetta vicino a casa sua, in un punto panoramico sul paese:

"Talìa, talìa 'dda 'n funnu..."[98], mi disse fidandosi più della memoria che della sua vista ormai deboluccia. Dovevo guardare in direzione del suo bastone, dove erano visibili – in realtà più fantasia che percezione reale – sette pozzi, tutti sulla stessa linea:

"Quannu a Sant'Affiu ci tagghiarunu a lincua, idda fici setti gran sauti. Uogni sautu, unni si pusava a lincua, si 'cci fici 'n pirtusu ri unni nisceva tanta iacqua..."[99]. I sette pozzi formatisi dai salti della lingua, secondo mia nonna diedero da bere per secoli a tutto il paese.

A mente fredda, ragionando da adulto, devo ammettere che l'allineamento di diversi pozzi sulla stessa direttrice altro non po-

---

98 *"Guarda, guarda bene là in fondo...".*

99 *"Quando a Sant'Alfio gli tagliarono la lingua, questa fece sette gran salti. Per ogni salto, nel punto in cui la lingua si posava, si creò un buco, dal quale prese a fuoriuscire acqua in abbondanza...".*

trebbe essere che l'intercettamento di un'unica vena d'acqua sotterranea e che, infatti, quando devi scavare un pozzo in campagna, è consigliabile farsi un giretto per osservare dove sono ubicati i pozzi sui terreni confinanti. Ma a questa deduzione razionalistica e pseudo-scientifica preferisco il racconto appassionato della mia ava e il potere miracoloso del mio santo.

Quanto ad altre versioni della leggenda, che parlano di soli tre miseri salti, vogliamo mettere il tre col sette? Lascio il giudizio ai patiti della numerologia. Anche qui, il mio è netto e parziale. Nella mia mente infantile, associavo i salti della lingua con quelli dei sassetti piatti che tentavo, imitando mio padre, di far zompettare sulla superficie del mare, nelle giornate di calma piatta. E che differenza fra i salti multipli che riusciva a far fare lui, con sapiente rotazione del polso e strappo secco del braccio e i miseri tre saltarelli che al massimo ottenevo io!

"Munnizza" magistra vitae

Uno dei balconi della casa di Lentini dei miei nonni, quello della camera da pranzo, affacciava sul piccolo spiazzo, una rientranza di via Carlo Rosselli, dal quale, con uno scalone di pietra, si saliva al livello della porta del palazzetto. L'andito era stato scavato nella roccia grigia e una parete verticale chiudeva il fronte opposto a quello della casa. Appoggiati ad essa, erano disposti tre o quattro bidoni cilindrici di ferro zincato, alti e con scanalature verticali. Teoricamente chiusi da coperchi col manico, questi in realtà giacevano in terra, poiché i bidoni erano stracolmi e impossibili da chiudere. L'immondizia degli anni '60 del '900 era certamente diversa da quella che ingombra oggi gli osceni cassonetti delle strade romane e di altre città dove il servizio di nettezza urbana lascia, per definire con un eufemismo, a desiderare. Le merci venivano distribuite dai dettaglianti senza involucri e senza imballi. Il latte venduto in bottiglie di spesso vetro trasparente, con vuoto a rendere; il vino travasato nei fiaschi degli acquirenti; gli ortaggi passavano dalle cassette di legno delle botteghe, che i venditori riciclavano, alle sporte di vimini o di stoffa delle massaie. Solo i detersivi, gli insetticidi ed altri prodotti industriali, oltre che le bottiglie di birra, avevano contenitori a perdere e ingrossavano il volume dell'immondizia.

All'epoca, Roma era, se non all'avanguardia, piuttosto ben organizzata nella raccolta dei rifiuti e nella nettezza urbana. Gli

spazzini passavano per le strade con le lunghe ed efficaci scope di saggina, vuotavano, aprendone il fondo, i cestini attaccati ai pali, e caricavano il tutto nei classici carretti a mano con doppio bidone. I *monnezzari*, invece, addetti alla raccolta "porta a porta", ogni giorno passavano con luridi sacchi di tela grossa a spalla, per ogni appartamento dei palazzi, facendo le scale perché era loro proibito l'uso dell'ascensore. Suonavano alla porta e la massaia o la cameriera rovesciavano nel saccone il contenuto dei bidoni domestici, foderati di giornale. Ai miei occhi di bambino apparivano come tipi strani, oggi direi affetti da qualche forma di lieve ritardo mentale. Forse era solo una impressione o un ricordo distorto: mi sembra però che qualcuno mi raccontò che molti di loro erano stati bambini in istituti o orfanotrofi. Ne ricordo uno che veniva spesso alla nostra porta: barba non fatta, sorriso con denti gialli e radi, occhiali spessi da miope, con una lente crepata. A Natale, a Pasqua e a Ferragosto i *monnezzari*, come i lettori del gas e della luce, togliendosi i bisunti cappelli, chiedevano una mancia a ciascun condomino, a compenso del loro degradante lavoro e quasi sempre l'ottenevano. Quel Natale, mia madre diede allo sdentato una bella banconota:
- Si faccia cambiare la lente dell'occhiale, mi raccomando!

Il tizio annuì felice e lo fui anch'io, salvo poi restare molto deluso quando, dopo le Feste, lo vidi comparire coi medesimi occhiali rotti.
- Che c'avrà fatto, mamma, coi nostri soldi?
- Li avrà messi da parte, come fai tu.

Pensai a quelle mani rozze e sporche che infilavano la banconota in un salvadanaio simile al mio, solo molto più grande. Ancora non sapevo che coi soldi, oltre a dolciumi e giocattoli, si possono comprare altre cose, come ebbrezza alcolica e sfogo sessuale: comunque, la scena del *monnezzaro* alle prese col salvadanaio gigante non mi convinceva affatto.

Nella strada, i camion attendevano, defilati, che i componenti delle squadre avessero terminato ciascuno il proprio palazzo; gli autisti aiutavano a vuotare i sacchi e, alla fine, gli operai salivano sui predellini e l'arcaica compattatrice poteva muoversi verso un altro isolato.

A Lentini, invece, e temo in gran parte della Sicilia, tutto ciò era davvero teorico. In realtà il passaggio dei mezzi di raccolta, che avrebbero dovuto svuotare i sopracitati bidoni, era talmente raro che l'immondizia si accumulava a dismisura, fino a coprire e nascondere i contenitori. Tralasciando lo spettacolo, davvero indecoroso, lascio immaginare l'impatto olfattorio, specie per il naso raffinato di un bambino continentale ed abitante una grande città.

- Che puzza, nonna! – non riuscivo a trattenermi. La cara vecchina, umiliata, cercava di distrarmi, calava la *cassina*[100] del balcone, per nascondere lo spettacolo e mi offriva un biscotto dalla scatola metallica dei "Bovolone" e dei "Doria", che teneva riposta negli sportelli bassi della credenza.

- *Vastasi!* – sbottava mio nonno battendo il fido bastone sul pavimento – *Avi du' iuorna ch'avissuru avuto a passarI! Veni 'cca, vieni, Alfiuzzu,* che ti racconto la storia di Giufà[101].

---

100 Chiusura regolabile, applicata all'esterno di una porta-finestra, aperta su un balcone o su strada, composta da assicelle piatte di legno verniciato, e avvolgibile con un semplice sistema di cordicelle.

Sapeva che quelle favole mi avrebbero deliziato e distratto: in effetti, pendevo dalle sue labbra e mi facevo trasportare nel mondo arcaico della saggezza e della furbizia contadina. Ma quando mio padre tornava dai suoi sopralluoghi in campagna, dovendo salire lo scalone che fiancheggiava il maleodorante cumulo, dopo aver parcheggiato la macchina in garage, la questione tornava in scena. Dopo aver telefonato al Comune, spesso inutilmente, faceva il numero di qualche parente vicino all'amministrazione, sforzandosi di celare l'indignazione e il malumore. La mattina dopo, per grazia ricevuta, una *lapa* della nettezza urbana veniva a caricare l'immondizia, ma solo in parte, essendo i rifiuti sempre parecchio eccedenti la capienza del cassone.

- *Nun si preoccupassi, Signura Mariuzza: appo' turnamo ppi carricari u' restu!*[102] – rispondeva l'addetto, con sorriso di Giuda e naso di Pinocchio, alle lamentele e alle sollecitazioni di mia nonna, delusa dal lavoro incompleto.

Di sicuro la faccenda dell'immondizia a lato dello scalone, assieme al caldo notturno e ai rumori delle moto e delle *lape* dei contadini che partivano per le campagne ad ore antelucane, fu elemento determinante nella decisione di mio padre, nel 1970, di restaurare la casa di campagna e fare di essa la base per le nostre permanenze siciliane. Ma all'epoca non lo sapevo ancora e la mia indignazione per l'irregolare e episodica raccolta dei rifiuti non trovava una risposta efficace:

---

101 *Sporcaccioni! Sarebbero dovuti passare già da due giorni! Vieni qua, Alfiuccio, che ti racconto la storia di Giufà.*

102 *Non si preoccupi, Signora Mariuzza; poi ritorniamo a caricare il resto.*

- Scusa, Turi... – chiesi al mio cugino d'età più vicina ai miei genitori che a noi bambini e pertanto anello di congiunzione generazionale – Da chi dipende che non vengono a raccogliere l'immondizia?
- Dal Comune, Iaffieddu[103], dal Comune.
- E chi comanda il Comune?
- *I cumpagni, cucineddu, i cumunista...*[104] – disse con espressione fra lo sprezzante e l'ironico, abbozzando anche un gesto con la mano destra chiusa a pugno. Turi, già lo sapevo, faceva politica per la Democrazia Cristiana e sarebbe diventato, circa dieci anni dopo, Presidente della Provincia di Siracusa. Evidentemente Il suo partito, ovunque nel Sud preponderante, in quegli anni a Lentini doveva, di quando in quando, rassegnarsi ad una alternanza elettorale.

Di politica, ovviamente, sapevo ben poco, giusto quello che le mie annoiate orecchie dovevano ascoltare quando, obbligato dall'impossibilità dell'epoca di cambiare canale TV, mi dovevo sorbire un'intera "Tribuna Politica", prima di poter finalmente poter godere dello sceneggiato di Maigret, della commedia del venerdì o, non plus ultra, del film del lunedì sera. Ricordo che provavo un'insofferente avversione per i moderatori, che mi sembravano preti senza tonaca e che continuavano a dire "Diamo ora la parola all'Onorevole Tizio...", anziché finalmente pronunciare "Per oggi la nostra trasmissione è terminata, ringraziamo i gentili ospiti e i signori giornalisti...". Dei politici di turno non me ne stava simpatico nessuno, mentre una accesa antipatia avevo - chissà perché?- per la faccia del povero Malagodi, tanto che una volta, issatomi su una seggiola

---

103 Alfiello, piccolo Alfio.
104 *I compagni, caro cuginetto, i comunisti.*

fino al piano di vetro che sorreggeva nell'angolo del soggiorno il televisore, sovrapposi la mia mano alla sua testa in bianco e nero, facendo le corna. Mio padre ridacchiò, anziché sgridarmi per la bravata: poi scoprii che anni prima, da simpatizzante del Partito Liberale e redattore di alcuni articoli per il loro giornale, se n'era allontanato proprio per l'avvento di Malagodi come segretario, deviando verso il Partito Repubblicano del suo stimatissimo conterraneo Ugo La Malfa. Mio padre era abbonato a "Il Mondo" di Mario Pannunzio, ma non si può pretendere che un bambino potesse interessarsi a quel foglio povero di pagine e fitto d'inchiostro, con una carta semilucida, che arrivava a casa per posta, piegato. Come a mio padre potesse interessarne la lettura restava per me un mistero. Quindi mi mettevo seduto sul divano di fronte alla sua poltrona e aprivo, orgogliosamente, il mio "Michelino" o "Il Corriere dei Piccoli", soddisfatto nel sentirmi al par suo un lettore e quindi d'aver diritto alla qualifica di "intellettuale". Di politica, a casa, si parlava ben poco, ma il fatto era per lo più dovuto al profondo solco che esisteva fra interessi adulti ed infantili. Qualche cenno aneddotico, auto-ridicolizzante, per le sue pratiche nell'infanzia e nella gioventù fascista testimoniava la completa catarsi di mio padre dalle idee del Ventennio e la sua profonda avversione per ogni assolutismo e per ogni stato etico, come un bambino che non si avvicina più alla fiamma dopo essersi scottato. Scoprii più tardi che, come studioso ed insegnante di Filosofia, tanto ammirava il sommo sforzo kantiano di sistemazione del pensiero, quanto criticava le successive scorciatoie hegeliane che a tanti disastri avevano portato. Ammirava Marx ed Engels nella loro innovativa e coraggiosa visione economica della filosofia e della storia, ma non ne condivideva affatto le applicazioni politiche, nel socialismo reale del blocco sovietico. Considerava forse il marxismo come un potente combustibile della storia ma non apprezzava i suoi prodotti; oltretutto, per lui, il marxismo era stato preceduto e ampiamente ispirato da un combustibile assai più antico e potente e tuttora ardente, purtroppo anch'esso produttore di scarti venefici, il Cristianesimo.

Quindi, nei brevi cenni che un bambino poteva cogliere qua e là, a casa nostra, anche se i comunisti non erano visti come mangiatori di bambini, aleggiava una forte diffidenza verso "Baffone", ancor prima che si scoprissero le crudeli purghe Staliniane, e certo mai si pronunciò il folcloristico *"Addavenì!"*. Io, se mi chiedevano di che squadra ero, proclamavo orgoglioso *"La Roma!"*, mentre, se la domanda del mio compagno riguardava il partito politico, rispondevo esitante "Repubblicano", senza convinzione e a semplice imitazione paterna. La risposta era accolta quasi sempre con delusione, ma troncava la polemica eventualmente nascente.

Una volta però, proprio in Sicilia, mi chiesi se non fosse il caso di diventare comunista anch'io. Come al solito grande osservatore e ammiratore dei lavoratori manuali, fossero essi idraulici, falegnami, muratori o meccanici di biciclette, stavo guardando una squadra di operai dell'ENEL che riparava un danno sulla linea di un pozzo in campagna. Uno di essi, il più anziano ed evidentemente il caposquadra, stava scendendo dalla scala a pioli appoggiata a un palo in cemento e dava indicazione sul lavoro da eseguire. Sul giubbetto blu, notai un distintivo colorato, fermato all'occhiello. Ne avevo visti di simili sulle giacche di qualche parente iscritto al Rotary o al Lions, oltre a quelli sulle giacche dei militari, ma nessuno di quel tipo. Incuriosito e con sfacciataggine infantile, gli chiesi cosa rappresentasse.

- È il distintivo dell'Assemblea Regionale Siciliana, sono stato deputato, a Palermo, fino a due anni fa... - rispose con un sorriso franco e orgoglioso – ... ora il partito non ha più bisogno di me e son tornato al mio lavoro.

Non osai chiedere di che partito si trattasse, ma più tardi me lo chiarì mio padre: era un comunista.

A scuola avevo studiato che Cincinnato, tornato umile al suo aratro, fu chiamato di nuovo dal Senato Romano per difendere la patria, docilmente e coraggiosamente rendendosi disponibile. Era una figura che mi stava particolarmente simpatica, più di Orazio Coclite e Muzio Scevola, e sentii una grande ammirazione per quel baffuto e dignitoso Cincinnato siculo. Ma come poteva convivere un personaggio del genere con quelli che non mandavano a ritirare l'immondizia sotto casa di mia nonna? Qualcosa non funzionava. Molto più tardi imparai che, a differenza di quanto vedevo nei film di cui ero appassionato, i cow-boy non erano tutti buoni e gli indiani tutti cattivi e che gli antichi romani non sempre furono portatori di civiltà contro i rozzi barbari (molto più difficile fu convincermi che i tedeschi non erano tutti crudeli e i giapponesi infidi assassini come nei giornaletti di Super Eroica). Dovevo ancora scoprire che la politica è come la storia: dipende da chi la racconta e non sempre agli ideali corrispondono i fatti. Rimasi indeciso e non diventai, per il momento, comunista.

Ad alimentare la mia confusione, un giorno, affacciandomi al solito balcone della casa dei nonni vidi, con grande sorpresa, che i bidoni erano vuoti, puliti, ben allineati e col coperchio sopra, mentre di spazzatura non ce n'era neppure l'ombra. Miracolo! Cos'era successo? Corsi da mio padre e lo tirai al balcone, chiedendogli spiegazioni:
- Fra una settimana ci sono le elezioni! – rispose mio padre con un sorrisetto fra il beffardo e il disilluso.

Una piazza in bianco e nero

'*A cchiazza 'ra Mattrici*[105], ovvero Piazza Duomo o Piazza Sant' Alfio, si trova, com'è ovvio, nel cuore del centro storico di Lentini. Ha una forma rettangolare, in cui uno dei lati corti è costituito dalla facciata della Chiesa Madre, cui si accede, senza scale, da un ristretto sagrato, chiuso da una bassa inferriata ornamentale. Situata nel punto più basso della cittadina, ha un aspetto "a teatro antico", se si considerano le case dei quartieri più alti, che si affacciano sul suo lato meridionale, come palchi o tribune. L'espressione "*scinniri 'a cchiazza*"[106], usata dai lentinesi era quindi appropriata.

Con la macchina ci passavamo di rado, circolando nella carreggiata periferica, attorno al rettangolo centrale, semplicemente uno spiazzo vuoto, con poche panchine e alberelli rachitici e incostanti negli anni, tornando dal cimitero, dalla campagna dei miei zii, dall'ospedale o dalle viste di qualche parente. A piedi, ci si scendeva dalla "*Calata ri' Carrabbinera*"[107], per andare alla messa della domenica, alla Pescheria o alla pasticceria più famosa del paese, sede di produzione di superlativi gelati, cannoli e paste di mandorla (senza il nauseante aroma artificiale, la benzaldeide, che infesta la stragrande maggioranza dei sedicenti dolci di mandorla e degli amaretti prodotti altrove). È tuttora una delle mete gastronomiche

---

105 Piazza della Chiesa Madre.
106 *Scendere in piazza.*
107 *Discesa dei Carabinieri.*

rituali dei miei sempre più brevi e radi soggiorni siciliani: sono contento che mantenga la tradizione, con prodotti molto lontani dall'essere raggiunti dalla concorrenza lentinese e direi anche regionale ed extra-regionale. Anche gli arancini li fanno buoni, ma per questo articolo spingo il mio maniacale pellegrinaggio del gusto fino a Palazzolo Acreide. Per le granite, invece, ogni anno prego il buon Dio che il proprietario del primo bar a destra della strada principale Brucoli, rinunci ai suoi propositi di andare in pensione.

Impressionante era la differenza fra il contenuto della piazza nelle ore diurne, flagellate dal sole impietoso per più di metà dell'anno, quando vi transitavano solo dei passanti, diretti alle botteghe del perimetro o a quelle del circondario, rispetto alle ore che precedevano l'imbrunire. Nel tardo pomeriggio, infatti, specie d'estate, si riuniva in piazza tutto il paese, soprattutto la gente comune, perché gli altolocati s'incontravano nei "circoli", anch'essi nelle vicinanze. Alcuni balconi della casa di mia zia, parte del palazzotto del mio bisnonno, si affacciavano sulla piazza dalla discesa curvilinea della Calata dei Carabinieri (nome derivato dalla presenza della caserma dell'Arma). Da quella posizione privilegiata assistevo, alzandomi un po' perché i miei occhi superassero la ringhiera, allo spettacolo di quella massa umana brulicante e sommessamente vociante. Capannelli si formavano e poi si disfacevano improvvisamente, per creare nuove aggregazioni, con cenni di saluto, toccandosi il berretto o, raramente, porgendo la mano.

A colpirmi, soprattutto, oltre al fatto che era rappresentato esclusivamente il sesso maschile, era il "bi-cromatismo" della scena. *Tutti*, ma dico *tutti*, gli uomini erano vestiti allo stesso modo:

pantaloni neri, camicia bianca e coppola nera. Le candide camicie fresche, molte a maniche corte e ben stirate da mogli o madri premurose, erano state indossate, dopo essersi lavati, al ritorno dalla campagna. Le coppole, invece, erano assai eterogenee per intensità del nero e stato di conservazione. La maggior parte piuttosto lise o infeltrite, costituivano comunque un segno di dignità e integrazione sociale. Mio nonno ne aveva diverse, un paio più vecchie per la campagna, le altre per uscire in paese. Io mi divertivo a rubarle dall'attaccapanni dell'ingresso o dalla mensola superiore all'interno dell'armadio, che raggiungevo salendo su una sedia del camerone. Lì, trovavo anche altri cappelli, un paio a tese strette, tipo Borsalino e una meravigliosa bombetta. In mancanza dei copricapo dei miei sogni (quello da cow-boy), naturalmente me li provavo tutti, allo specchio; poi andavo nel soggiorno a farmi vedere dal nonno, che fingeva di arrabbiarsi e di volermi inseguire col bastone, non riuscendo però a nascondere il suo sorriso bonario, un po' storto dagli esiti del lieve ictus che lo aveva colpito anni prima. Mi interessavo alle etichette cucite all'interno delle coppole, spesso coperte da una plastica morbida trasparente: alcune erano di berrettifici italiani, altre, con mio grande stupore, di fabbriche inglesi. Per la bombetta capivo l'importazione, ma che c'entravano gli inglesi con "*i coppuli niuri*"[108] tipici copricapi maschili siciliani?

In una occasione le coppole venivano rigorosamente tolte dalle teste degli uomini e poggiate sul ginocchio o tenute in mano: quando si entrava in chiesa. Negli anni sessanta la presenza maschile alle funzioni era ancora corposa e, allora come adesso, all'in-

---

108 *Coppole nere.*

terno del luogo sacro era assolutamente vietato per gli uomini il capo coperto. Così come, al contrario, era obbligatorio il fazzoletto per le signore, precetto invece caduto oggi in disuso. Era un altro spettacolo assai interessante: entrando in chiesa a funzione iniziata, dal fondo osservavi in prospettiva, nella navata centrale della bella chiesa barocca, le due file di panche, separate da un corridoio. Su quelle di sinistra le teste di donne, coi loro fazzoletti multicolori, a destra gli uomini a capo scoperto. La suggestione era completata, d'estate, da uno strano rumore, misto di fruscio e ronzio a bassa frequenza: centinaia di ventagli azionati contemporaneamente, sia dai maschi che dalle femmine, con ritmo costante e incessante. Un concerto liturgico per cicale afone.

Pasquetta (La zia Chef Stellata)

Nonostante la brevità delle vacanze, spesso mio padre non riusciva a resistere al richiamo della terra natia neanche nel periodo pasquale, in cui la stagione agrumicola langue. Le arance son già state raccolte e le cure intensive dell'estate (zappature, irrigazione, lotta ai parassiti) sono di là da venire. La primavera è la stagione della potatura (*rimonda*) e delle prime, timide, concimazioni. Ma l'ansia di vedere le verdissime foglie nuove dei suoi veri figli (gli alberi di arancio) lo spingeva a costringerci all'estenuante trasferimento anche per i pochi giorni concessi dal calendario scolastico. Con i cinque, grasso che cola, previsti attualmente - dal Giovedì Santo al Lunedì dell'Angelo – non credo avremmo potuto concederci il viaggio e soprattutto essere presenti alle scialate in campagna previste dalla tradizione parentale per la Pasquetta: come fare a stare, il giorno dopo, noi ai banchi di scuola e mio padre dietro la cattedra? Quindi presumo che negli anni sessanta il Ministero concedesse almeno una settimana, tipo dal mercoledì prima al martedì dopo Pasqua.

Fatto sta che, sia io che mia sorella, ricordiamo con certezza queste mangiate in campagna, molto ma molto diverse dalle classiche scampagnate con tovaglie a quadri, cesto del picnic e pallone Super Tele o Super Santos dei miseri borghesucci e del popolino romano. Le Pasquette in Sicilia erano cosa seria, che ci consolava ampiamente dal pensiero del lungo viaggio di ritorno e dalla cupezza del sentimento religioso siciliano, molto più partecipe al lutto, al sangue e ai veli viola del Venerdì Santo che alla gioia della Resurrezione. Poco potevano le campane delle chiese e i tentativi dei celebranti di iniettare entusiasmo nelle loro omelie pasquali: restava sempre più partecipazione alle sofferenze *'ro Signuruzzu* che allo stupore per la pietra divelta dal sepolcro e per il sudario disabitato.

La vera festa, per lo meno per chi se la poteva permettere, date le reali condizioni della gente in quegli anni di presunto boom economico, era la mangiata in campagna, peraltro favorita da un clima mite e profumato di zagare, più propizio all'appetito della calura che avvolge l'altra tradizionale cerimonia di crapula campestre, quella del Ferragosto. Mi sia evitata la scomunica se ricordo la profonda radice pagana e agricola della nostra cultura, con le feste primaverili e i sacrifici animali per ottenere il favore degli dei all'inizio della nuova stagione e quelle per il ringraziamento dopo i raccolti estivi.

Ricordo un paio di Pasquette alla "Palma", la nostra campagna, una organizzata dai miei genitori e un'altra, più antica, nella casa, più periferica nel podere, costruita dal marito di una mia zia alla fine degli anni '50. Negli anni '70 questa casa, prima "rosa" e ora intonacata bianca, rimase coinvolta nella compravendita di parte dell'agrumeto di questa mia zia e divenne di nostra proprietà. Ma negli anni '60 era della zia Lilla e lei si assunse, quell'anno, l'onere principale della preparazione delle cibarie, cui solo in parte contribuirono gli invitati. Ricordo una giornata piuttosto calda per essere aprile, in cui noi bambini ci avvicinavamo ai tavoli del buffet con fare circospetto, facevamo scorta di cose da mangiare impilandole sui piatti di terracotta e poi fuggivamo verso la nostra tana, un angolo nascosto, fra il muretto di una *saia* (canali in pietra per la distribuzione dell'acqua) e un grande albero di moro. Lì potevamo mangiare indisturbati, lontani dagli sguardi vigilanti e inquisitori dei genitori, prendendo il cibo con le mani, masticando con la bocca sguaiatamente aperta e sghignazzando per la soddisfazione.

Fu in quell'occasione che rischiai, per la seconda volta, la vita. La prima era stata quando un bambino mi spinse dal bordo della piscina a noi riservata sul transatlantico "Giulio Cesare", diretto a Rio de Janeiro, e caddi a testa in giù dentro la ciambella, con le braccia bloccate e i piedi in alto. L'aria stava quasi per finire e l'acqua quasi per entrare nei miei polmoncini, quando le robuste e pelose braccia di un marinaio, che si era buttato vestito, mi salvarono dalla scomoda posizione.

In quella Pasquetta campestre il pericolo di morte mi fu provocato da una scommessa, di appena 50 lire, con mia sorella. Mentre mangiavamo nel nostro nascondiglio sotto l'albero, lei ed altri più grandi presero l'argomento delle uova sode e di come sia impossibile mangiarne uno in un sol boccone.
- Che sciocchezza, secondo me non è vero! – affermai io con voce nasale da saputello. Ero scettico sul fatto che un oggetto così piccolo potesse essere realmente d'ostacolo alla deglutizione e ricordavo la storia mille volte raccontata di Cappuccetto Rosso, in cui il lupo-falsa nonna riesce a papparsi la bimba senza masticarla. Ai risolini degli altri bambini e allo sguardo di sufficienza dei più grandi risposi:
- E dai, scommettiamo che io ce la faccio?

- Io dico di no. – ribatté la mia saggia sorella.
- Ho detto scommettiamo! – mi arrabbiai spavaldo.
- Cinquanta lire?
- Va bene, cinquanta! Però poi me le dai davvero, eh?
- Ecco l'uovo! – replicò mia sorella, prendendone uno dal piatto pieno di ogni ben di Dio che avevamo trafugato poco prima e sbucciandolo rapidamente.
- Dammelo, forza! – tenni botta, ma con voce già tremula di pentimento.

  Ci si può sacrificare per salvare la famiglia, per la patria o per fanatismo religioso, si può rischiare la vita per far svoltare la propria economia con una rapina in banca: ma si può morire per cinquanta lire? Evidentemente allora si poteva, forse perché negli anni '60 non c'era l'inflazione, che poi galoppò, assieme al pernicioso debito pubblico italiano, nei decenni successivi.

  Misi in bocca l'oggetto morbido e liscio e mi fu subito chiaro che il volume mi impediva la masticazione adeguata. Cercai allora di aprire la mascella il più possibile e di far progredire al più presto il bolo poco frantumato verso la gola. Ma fu lì, all'imbocco della faringe, che il tuorlo, impossibile da idratare ad opera della scarsissima saliva, si espanse in una palla vischiosa che bloccò anche la respirazione dal naso. Dovevo scegliere: sputare il tutto e perdere le 50 lire o tentare l'azzardo di un'ultima disperata, violenta deglutizione? Durante i miei studi di medicina, in seguito compresi quanto la situazione mi poneva a rischio di una polmonite *ab ingestis*. Ma allora facevo solo le elementari e non vidi altro che la luccicante moneta che passava dalle mani di mia sorella alle mie e quindi al mitico salvadanaio a forziere, dono del Banco di Santo Spirito ai bambini della mia Scuola. Scelsi la seconda ipotesi, quasi suicida, e inghiottii l'uovo sodo quasi intero. Frammenti di tuorlo fuoriuscirono dal naso durante i successivi spasmi di tosse e mia sorella, sicuramente pentitasi, in un rigurgito di spirito protettivo nei confronti del fratellino, resasi conto del rischio che mi aveva fatto correre per quella scommessa, mi portò di corsa un bottiglione d'acqua: fra bevute e gargarismi, l'uovo sodo fu definitivamente sconfitto.

Ma l'abbuffata di Pasquetta più memorabile avvenne nella campagna di certi nostri parenti ricchissimi. La grande casa, non proprio un "baglio", perché nella Sicilia Orientale prevaleva l'architettura funzionale della "masseria" su quella della dimora signorile, sorgeva in una proprietà enorme, credo decine di volte la nostra. Il proprietario era un cugino di mia nonna, di lei molto più giovane, che aveva sposato una nipote di mio nonno. All'epoca, i matrimoni fra famiglie che si conoscevano erano facilitati da garanzie di collaudata conoscenza e gli incroci fra il mio cognome e quello di mia nonna si erano ripetuti a Lentini molte volte, anche su diverse generazioni. Questo ricco parente era, fra l'altro, il proprietario del Molino e Pastificio di Lentini, fondato agli inizi del secolo da suo padre, parente di mia nonna, e da un cugino di mio nonno, per cui la denominazione sociale riportava sempre i loro cognomi (di cui uno, ovviamente, è il mio). Era stato anche il lungimirante costitutore, negli anni '30, del primo consorzio fra produttori agrumicoli della Sicilia (credo fra i primi in Europa). Era un club esclusivo di proprietari che, consociandosi, potevano evitare ogni anno di passare sotto le forche caudine dei commercianti di agrumi, che facevano il prezzo a loro piacimento e a volte ti lasciavano il prodotto pendente fino alla cascola, se il mercato del momento non era propizio. Colto, raffinato, elegante, viaggiatore internazionale, costituiva un raro esempio di imprenditore siciliano aperto agli esperimenti e all'innovazione, per cui l'intelligenza e la voglia di rischiare sopravanzano la pigrizia e il compiacimento di aver ereditato più beni di altri suoi parenti. In quella campagna, fra l'altro non l'unica fra le sue proprietà agricole, aveva applicato alcuni concetti osservati in un viaggio in California: alberi allineati con un "sesto" 6 metri per 8, larghissimo rispetto al 4x4 della tradizione sicula (addirittura ulteriormente ristretto col trucco del *"peri 'i jaddina"*[109]), con cui erano disposte, ad esempio, le nostre piante. Ciò permetteva agli alberi di svilupparsi in larghezza e, nei varchi di otto metri, alle grandi e veloci macchine agricole di passare agevolmente per tutte le operazioni di lavorazione della terra, trattamento antiparassitario e addirittura di raccolta:

- 'Ca certu! – commentavano gli invidiosi parenti, proprietari di fazzoletti di terra da cui dipendeva la loro risicata economia e di cui dovevano sfruttare ogni centimetro quadrato – *Iddu ri terra nn'avi a strafuttiri!*[110]

La moglie, per l'appunto nipote di mio nonno, era una donna mite e sorridente, accogliente e per nulla tronfia della propria ricchezza. Ci faceva sempre feste se mio padre, quando passavamo in macchina da Acitrezza, dove avevano una splendida villa sugli

---

109 *Piedi di gallina*

110 *Certo... Lui di terra ne possiede in abbondanza*

scogli, le telefonava chiedendole se potevamo venire da lei per farci un bagno. La recondita speranza, in realtà, arrivando nella tarda mattinata o addirittura verso mezzogiorno, era che la zia ci invitasse a pranzo. Questo non certo per desiderio di scroccare un pasto e risparmiare il costo del ristorante. Il fatto è che in nessun locale, neanche il più titolato di allora né, credo, fra quelli che oggi vantano chef pluri-stellati, si poteva avere un'esperienza di gusto migliore che nei piatti apparentemente semplici che la zia improvvisava sul momento per noi, ospiti inattesi ma graditi. Altro che "raviolini di pasta alla borragine ripieni di ostriche glassate, con salsa di riduzione di giuggiole e caffè di zibetto"!

- *A chi ci misi?* – rispondeva, umile, alla curiosità di mia madre sulla ricetta di quel miracolo di cucina marinara, mentre noi, in religioso silenzio, ci deliziavamo del profumo e dalla consistenza dei calamaretti in guazzetto, - Un dito di acqua di mare e uno di acqua dolce, uno spicchio d'aglio, mezzo cucchiaino di estratto. *Focu forti* e fai assorbire quasi tutto il liquido: poi un filo di olio e *'cci sminuzzi 'cchi manu 'na pocu 'i puttrusinu*[111].

- Non è possibile che sia così semplice! – ribatteva mia madre, nel suo candore americano. Sapeva di essere una buona cuoca, erede di tradizioni genovesi, mitteleuropee, brasiliane e - d'acquisto – siciliane, ma sinceramente ammetteva la sua inferiorità di fronte a quella delizia.

- Il fatto è *'ca 'u pisci è frischissimu!* – aggiunse la zia con modestia - Quando mi telefonaste, *mannai 'ri cursa a Cuncittina* (la cameriera fi-

---

111 *Fai assorbire quasi tutto il liquido, a fuoco alto: poi un filo di olio e aggiungi un po' di prezzemolo sminuzzato con le dita.*

data) *'o mircatu. Solo questi calamaretti trovò. Mi dovete scusare... Sulu chissu c'è, di antipasto, e di secondo aughhi* (aguglie) *arrustuti. Pisci vili, 'u sacciu, ma chissu truvò a'dd ura a cammarera.* Ma pesce buono, freschissimo: *'ca, 'Attrizza* (ad Acitrezza), *non manca mai.* Ma quello che mangerete è *propria* garantito: *aiu 'n piscaturi ca 'u pigghia 'ca so' varca. Quannu l'avi bonu, 'n' ammuccia na pocu 'ppi nui e* quando vede a Concettina *ci fa 'u signali.* Di primo, *m'ata' scusari*, c'è *'na simplici* pasta *'cca sassa e i mulinciani friuti*, cosa di tutti i giorni. Le avevo fritte stamattina per me e Donatella, *'che oggi l'autri figghi sinni ienu 'ccu mutuscafo*. Ma le ho fatte abbondanti e *abbastano* per tutti[112].

Poi si rivolgeva me e mia sorella, con sguardo tenero:
- Ma come sono bravi questi bambini! *Talìa comu màncianu*[113], composti e muti!

La sua modestia non le faceva concepire che il nostro atteggiamento compunto non era solo per educazione, ma per religioso rispetto dei sapori della sua tavola. A casa sua, anche le suddette ri-

---

112 *Il fatto è che il pesce è freschissimo. Quando mi avete telefonato, ho mandato di corsa Concettina al mercato. Ha trovato solo questi calamaretti. Mi dovete scusare: di antipasto c'è solo questo. E di secondo, aguglie arrostite. Lo so, non si tratta di pesce pregiato, ma a quell'ora la cameriera ha trovato solo questo. Però è pesce buono, freschissimo: qui, ad Acitrezza, non manca mai. Quello che mangerete, poi, è proprio garantito: ho un pescatore che lo prende con la sua barca. Quando ha qualcosa di buono, ne mette da parte un po' per noi e quando vede Concettina, l'avverte con un segnale convenzionale. Per primo, scusatemi, c'è una semplice pasta al pomodoro con le melanzane fritte, cosa di tutti i giorni. Le avevo fritte stamattina per me e Donatella, dato che oggi gli altri figli sono usciti col motoscafo. Ma le ho fatte abbondanti e bastano per tutti.*

113 *Guarda come mangiano!*

cette "di tutti i giorni" avevano un sapore unico, inimitabile, semplicemente perfetto.

La zia, infatti, aveva il "tocco", quella magica capacità di trasformare gli alimenti con piccoli miracoli di intuizione e misura, seguendo i classici insegnamenti delle mamme e delle nonne e inserendo a volte delle modifiche di sua invenzione. Niente di scritto, niente di proclamato: istinto, innovazione e tradizione, come nei legni e nelle vernici dei violini di Stradivari.

Quel giorno di Pasquetta, in campagna, oltre al "tocco" magico personale, mostrò anche la sua perizia nel coordinare e comandare un piccolo esercito di contadini, e servitù varia, indispensabili per la preparazione di una quantità così ingente di cibarie. L'invito, infatti, era stato esteso a un gran numero di persone. Oltre ai parenti della nostra solita cerchia, c'erano molte facce nuove. Non a mio padre, che mi costringeva, nel suo desiderio di riallacciare rapporti allentati dal suo trasferimento nel continente, a star fermo accanto a lui, mentre lo sconosciuto di turno mi faceva le solite domande su che classe facevo, se andavo bene a scuola, se non, addirittura, se avevo visto il papa e se ero a piazza San Pietro la sera del famoso discorso della "carezza", che Giovanni XXIII aveva diffuso via televisione. Far riferimento ad un evento televisivo era ancora in qualche modo un vanto, un'affermazione di distinzione per il fatto di possedere l'apparecchio TV, anche se oramai, negli anni '60, i prezzi si erano abbassati e persino molti del popolino avevano conquistato lo status di "telespettatore".

Tiravo la mano di mio padre e, appena potevo, mi allontanavo, in cerca di compagni di giochi e, soprattutto, per perlustrare la situazione mangereccia. Nell'edificio principale c'era un vasto magazzino, a piano terra, con pilastri in cemento, che era stato tutto perfettamente pulito e scopato, allineandoci al centro numerosi tavolacci di campagna. Su di essi, con ordine e disciplina, i contadini, improvvisati domestici, trasportavano, dal grande forno a legna, le teglie con il *cudduruni e le facc'i vecchia*[114]. Mentre queste ultime sono semplicemente delle pizze con pomodoro, condite con olio, origano, qualche oliva nera e una generosa spolverata di pecorino, il *"cudduruni"* (a Catania detto *"Scacciata"*), è cosa lievemente più complessa e soprattutto diversificata. Si tratta di una doppia sfoglia di pasta di pane, con in mezzo il ripieno. I bordi sono rifiniti unendo le due sfoglie con tanti pizzichi, cosa che da' la somiglianza con una corona (*cuddura*). Portata caratteristica della cena di magro della vigilia di Natale, in quell'epoca i ripieni tradizionali sono quello coi broccoli ripassati e quello di cipolla cotta nel sugo. A Pasquetta, mancando i broccoli, oltre a quello di cipolla, il *cudduruni* si può preparare con gli *'ngiti* (bieta selvatica).

Al segnale convenuto, gli ospiti, famelici, iniziavano ad affollare il magazzino. Io mi intrufolai fra gli adulti e feci man bassa, afferrando un pezzo di ogni tipo, e mi misi in disparte a mangiare, cercando dentro di me la difficile risposta al quesito su quale fosse il più buono. Erano tutti squisiti, la pasta croccante, il ripieno saporito al punto giusto. Ce n'era anche una varietà a me sconosciuta, ripiena di ricotta di pecora impastata con l'uovo: data l'abbondanza primaverile di latte, era davvero un *cudduruni* "di stagione", una vera delizia. Feci il bis di quest'ultimo e, visto che c'ero, presi anche

---

114 *Facce di vecchia.*

un paio di fette di *faccivecchia,* anch'esse sorprendenti nella loro semplicità.

Non perdendo di vista la zia-chef, la vidi dirigersi verso una catapecchia periferica alla masseria. All'interno dello stanzone, in cui il tetto era stato sfondato in un angolo per fare uscire il fumo – si trattava probabilmente del locale dove il pecoraro faceva la ricotta – bolliva un gigantesco calderone, sotto il quale ardeva la legna d'arancio. Era la minestra di ceci, l'altra pietanza che la zia aveva incluso nel menù di Pasquetta. Quando fummo autorizzati, ci avvicinammo coi piatti fondi di ceramica, che si prendevano da un tavolo accanto alla porta della casupola. La zia in piedi su un panchetto, affondava il mestolo nel pentolone nero e serviva personalmente, sorridendo, gli invitati.

Mi allontanai col piatto fumante e presi un cucchiaio, attento a non versarmi addosso il contenuto. Mi sedetti su un *concio* e lasciai freddare un po' la minestra: sale al punto giusto, niente pasta, ceci in piccola parte passati e per la maggior parte interi, gustosissimi; vago sentore di cipolla, profumo di rosmarino, senza che si vedessero le foglioline, e di buon olio d'oliva. Niente di particolare negli ingredienti. Eppure la miglior minestra che abbia mai mangiato in vita mia!

Don Felice l'autista

A Roma, lo Zio Peppino, insigne primario oculista, guidava personalmente la sua automobile. Si sceglieva da sempre macchine sportive, quasi fuoriserie. La Lancia Aurelia GTB (bellissima e armoniosa) quasi non la ricordo. Molto più impressa nella mia memoria la Lancia Flaminia Coupé (presidenziale, longeva, amica dei distributori di benzina); e poi l'Alfa Romeo GT 1750 (quella che invano sognai mi regalasse, invece di darla in permuta, per la maturità), l'Alfetta 2000 GTV (meccanica superba ma rifiniture scadenti, tempi di crisi per il biscione, poco prima di essere ingloriosamente inglobato dalla Fiat, fluido torinese che uccide) e infine la simile ma più potente GTV 2500 6 cilindri (ultima, lasciata in eredità al fratello, che venne a prendersela da Palagonia).

Ma in Sicilia lo Zio Peppino non guidava, avendo ai suoi servigi un anziano ex "autista di piazza", altro modo -non so se burocratico o anti-esterofilo del periodo fascista- di definire un tassista. Don Felice, questo era il suo nome, aveva un'età indefinibile, sicuramente oltre i sessanta. Molto oltre? Mio padre –non so se scherzasse – commentando le caratteristiche della sua guida, ci raccontava che Don Felice aveva cominciato, sempre in piazza, non con un taxi: con una carrozza a cavalli. Corpulento ma non troppo, aveva un viso franco, con bocca grande e labbra carnose, adornate d'un perenne sorriso gentile. I capelli grigi erano presenti, seppur radi, fin dalla fronte e il collo aveva la classica sfumatura altissima.

La divisa non era diversa dall'abbigliamento pomeridiano di tutti i maschi lentinesi che scendevano in piazza d'estate: pantaloni e scarpe nere e camicia bianca, a maniche corte. Non indossava, per lo meno d'estate, né alla guida né quando scendeva ad aprire la porta, alcun copricapo, neanche il classico berretto nero siciliano, ovvero la *coppula nìura*.

Don Felice era addetto non solo alla guida, ma anche alla manutenzione, per i lunghissimi mesi di non uso, dell'automobile degli zii di stanza a Lentini. Loro, infatti, non si sarebbero mai sognati di farsi, come noi, 850 chilometri in macchina, né di correre il pericolo di danneggiare nelle strade di campagna l'elegante auto sportiva di Roma. Era d'obbligo il vagone letto di prima classe, analogo a quello che prendevano per Calalzo, nei primi dieci giorni della vacanza estiva a Cortina D'Ampezzo. Per la seconda parte delle ferie, in Sicilia, occorreva un'auto dignitosa e solida, con pezzi di ricambio facili da reperire, da tenere a disposizione nel garage della casa di Via dei Vespri. Queste caratteristiche non potevano che configurare un modello Fiat. La prima che ricordo era una 1100 B, simile, tranne che per il colore, alla nostra Bellona. Nel 1965, nonostante il chilometraggio bassissimo, o forse proprio per le insidie del non uso, si era grippato il motore, guasto giudicato non riparabile: per motivi del tutto oscuri, anziché rottamarla, l'avevano sistemata in una delle case della loro campagna, in contrada *Rappis*. Era sollevata su dei conci di pietra, a mo' di cavalletti, e le mancava una ruota di dietro. Me la ricordo bene perché, nella noia delle nostre visite alla loro campagna, salire sulla vecchia 1100 era uno dei pochi passatempi emozionanti e avventurosi.

Fatto sta che lo Zio Peppino aveva dovuto provvedere alla sostituzione. La scelta cadde su una Fiat 1300 (Milletre), grigio scura, acquistata da un concessionario suo paziente e pertanto targata "Roma". Agnese, la fida cameriera veneta, mi portò di nascosto a vederla appena comprata, anche perché, contemporaneamente ed allo stesso concessionario romano - evidentemente prodigo di vantaggiose condizioni verso chi aveva operato agli occhi lui stesso o qualche parente – era stata acquistata anche una Fiat 500 Lusso, blu scura. Era la **sua** macchina, comprata per cinquecentomila lire, coi risparmi di cameriera a tutto servizio! Già pregustava la meraviglia e lo scorno delle invidiose amiche di Conegliano quando l'avrebbero vista arrivare in paese, alla fine di settembre, a bordo della fiammante vetturetta. Aveva preso la patente da poco, ma mi fece vedere come si accendeva la 500, girando la chiavetta sul cruscotto e poi agendo sulla levetta del motorino elettrico d'avviamento, situata sul ponte, dietro il cambio e accanto a quella dell'"aria". Fece avanti e indietro nel garage e poi, con ovvia cautela, la infilò nuovamente nel box privato dello Zio Peppino, ricavato in un angolo del parcheggio condominiale, unico spazio chiudibile con serranda a scorrimento orizzontale. Il box era grande: la parte davanti al lavandino sembrava fatta apposta per ospitare la 500, mentre accanto poteva comodamente entrare la Flaminia. Che però era stata momentaneamente dislocata altrove ed al suo posto era piazzata la nuova Fiat 1300.

Agnese, complice perfetta delle nostre trasgressioni, aveva infilato nella tasca del grembiule le chiavi della nuova auto, assieme a quelle della sua, e mi aprì lo sportello. Saltai subito sopra, al posto di guida; con le punte dei sandaletti Eureka provai a pigiare tutti I pedali e girai un poco lo sterzo a destra e a sinistra. Sapevo che il cambio, alla destra del volante, era "off-limits" e, per consolazione e compenso, diedi una bella pigiata al clacson. La cameriera, intenta a rimuovere un granello di polvere dal parafango della sua splendida 500, fece un balzo e per poco non le vennero i capelli dritti dallo spavento. Mi voleva davvero bene, altrimenti uno scapaccione me lo sarei meritato.

Un giovane nipote di Pietro, il portiere degli zii, fu incaricato, dietro congruo compenso, di condurre la nuova vettura fino a Lentini, tornandosene comodamente nella Capitale con una cuccetta di seconda classe. La Fiat 1300 fu quindi finalmente affidata alle mani di Don Felice.

Anche dopo la morte dello Zio, nel 1985, la vettura fu amorevolmente accudita, nel garage di Via dei Vespri e vi rimase, non so se gestita dal decrepito autista o da altro successore o erede, fino alla morte della Zia Lina, nel 1992. A quel punto, era un pregevole articolo da collezione. Benché il modello fosse stato prodotto in gran numero di esemplari, non credo si potesse trovare in giro un esemplare così ben tenuto, con vernice originale e appena 20.000 chilometri fatti in 30 anni!

Ma all'epoca del suo acquisto eravamo in pieni anni sessanta e la vettura faceva, per le strade siciliane, la composta e dignitosa figura per la quale era stata acquistata. Sempre fiammante ed accuratamente lavata da Don Felice, veniva tirata fuori dal garage verso le cinque del pomeriggio, quando il sole teoricamente allentava il suo tenace morso e gli Zii partivano per la quotidiana visita alla loro campagna di Rappis. Comprata dal mio bisnonno agli inizi del secolo, subito dopo la bonifica della pianura paludosa fra Lentini e Francofonte, la terra di quel podere era inizialmente vergine, resa fertilissima dal limo della ex palude e invidiata da tutti gli agronomi. Mio nonno mi raccontava, più con ammirazione che invidia nei confronti del suocero "Don Puddu", dei mitici tre raccolti di grano all'anno che si potevano ottenere.

Lo zio Peppino, tutto vestito di lino chiaro, coppola compresa, prendeva posto accanto al conducente, un po' per far star comode le lunghe gambe, un po' per non esagerare col fatto di avere l'autista, apparendo troppo "snob". La zia Lina si accomodava dietro, dove mi sedevo anche io quando, nelle occasioni delle nostre visite a Rappis, tanto per cambiare, montavo sulla loro auto. Specie se Agnese rimaneva in casa a Lentini, restava un comodo posto vuoto sul sedile posteriore.

Se alcune terrecotte assiro-babilonesi dimostrano che l'idea d'un rapporto numerico fra i cateti e l'ipotenusa di un triangolo rettangolo era già nota duemila anni prima che Pitagora elaborasse il famoso teorema; e se i disegni di Leonardo da Vinci previdero, circa quattrocento anni prima, il sottomarino e l'elicottero, sicuramente Don Felice fu l'anticipatore dell'invenzione del cambio automatico. Quello della Fiat 1300 era dotato di ben quattro marce, a differenza delle tre della nostra Opel 1700, con motore più elastico che potente. L'autista dei miei Zii, però, lo teneva fisso in seconda.

Partiva, sfrizionando leggermente, e restava sempre in seconda marcia. Solo nelle malaugurate circostanze cui si era costretti a fermarsi e ripartire nel mezzo di una salita, ricorreva sbuffando al cambio e innestava la prima. Nelle discese, per non imballare il motore, schiacciava la frizione e faceva andare la macchina in folle: poi attendeva la fine della pendenza e, non appena la velocità si era sufficientemente ridotta, rilasciava il pedale e tornava alla sua prediletta seconda marcia.

Naturalmente, a causa dell'andatura estremamente lenta, una volta usciti dall'abitato, dietro la 1300 si formavano, nonostante lo scarso traffico, code di macchine impazienti. Ai ripetuti colpi di clacson che dopo poco iniziavano a sentirsi o agli insulti volgari di chi nei rettilinei riusciva finalmente a superarlo, Don Felice rispondeva con una bonaria alzata di spalle, con cui concordava il sorriso sereno dello Zio Peppino, lieto di godersi il paesaggio e di sibilare, fischiettare o canticchiare, come suo solito, un motivetto leggero di moda. Le sue preferite erano "Non ho l'età", cantata da Gigliola Cinquetti e "Andiamo a mietere il grano", grande successo estivo di Luiselle. Di entrambe, aveva chiesto ad Agnese di comperare il 45 giri e i due dischi, inseriti nel vano superiore del grosso radio-fonografo Grundig, facevano parte della esigua raccolta della loro casa di Roma.

Solo di rado, nei più larghi rettilinei di pianura, sotto la spinta dei clacson o di un dovere morale, Don Felice si avventurava ad innestare la terza. La macchina prendeva un po' di velocità e il motore finalmente rifiatava, calando di giri. Ma la cosa finiva per inquietare la Zia Lina, che da dietro gli spessi occhiali da miope vedeva il paesaggio animarsi:

"*Alleggiu, Filici!*"[115] lo ammoniva dal sedile posteriore.

---

[115] "Piano, Felice!"

"M'ascusassi signura: è ca 'ssi viddani, comu pigghianu 'a patenti, si sentunu tutti pari curridura ri fommula unu!"[116]

"Ie nuàutri ch'am'affari, i cursi? Facci rùmpiri i cuorna a riddi!"[117]

L'obbediente pilota alzava il piede dall'acceleratore; ma spesso non era sufficiente:

"Ti rissi alleggiù, Filici!"[118]

"Comu cumanna vussia!"[119] chiudeva il discorso il placido autista, rallentando e scalando finalmente nella amata seconda marcia.

La zia non si quietava se non quando il motore iniziava a ronzare al solito tranquillo regime e la mille-tre riprendeva la sua marcia da lumaca. La zia Lina sospirava soddisfatta e lo Zio Peppino continuava rilassato a canticchiare il ritornello della canzoncina. Io ero lievemente pentito di non essere salito sulla nostra Opel, che verosimilmente era già arrivata da un pezzo a Rappis. Dopo aver suonato il clacson, mio padre si era fatto probabilmente aprire dall'uomo di campagna della Zia Lina il bel cancello in ferro battuto. Terminato l'orario di lavoro *'u jardinaru*[120], aspettava la visita quotidiana dei padroni. Conosceva bene mio padre e, fattolo entrare e procedere nel viottolo fino alle case, quasi sicuramente aveva già attaccato discorso sui turni dell'acqua, sulle fumigazioni, sui

---

116 *"Mi scusi, signora, è che questi bifolchi, appena prendono la patente si sentono tutti piloti di formula uno!"*

117 *"E noi che dobbiamo fare, le corse? Fagli rompere le corna da soli!"*

118 *"Ti ho detto, piano!"*

119 *"Come comanda vossignoria".*

120 *giardinaro* (lavoratore agricolo di fiducia, delegato alla coltivazione dell'agrumeto di proprietà, con potere su gestione ordinaria, ingaggio dei braccianti, controllo dei potatori e dei raccoglitori).

chili di *chimmicu*[121] che avevano sparso per ogni pianta in primavera. Forse gli aveva offerto l'acqua fresca del pozzo e l'aveva fatto accomodare all'ombra, sulla panchina di pietra, dove erano già pronti ed allineati i panari coi *taddi*[122], i peperoni arrostiti, i fichi e l'uva.

Ancora sul sedile della Fiat 1300, pensavo appunto a quando ne avrei assaggiato qualche dolcissimo chicco e bevuto direttamente dal secchio e mi consolavo dell'avvilente andatura, evitando di mettermi in ginocchio sul sedile per guardare dietro, come spesso facevo nella nostra macchina. Oltre che il timore di sporcare con le scarpe impolverate la stoffa immacolata, avevo paura delle facce irate degli automobilisti che seguivano.

Come intuendo la mia noia, l'autista provava ad accelerare un po', pur senza innestare la terza. Il motore saliva di giri e subito interveniva, più pronto di un moderno limitatore elettronico delle macchine di formula uno, l'austero monito della Zia Lina:
"*Alleggiu, Filici!*"[123]

---

121 concime chimico.

122 *talli* (tenerumi della zucchina liscia verde chiara detta "cocuzza"; d'estate crescono veloci ed abbondanti nei terreni irrigati).

123 "*Vai piano, Felice!*"

Il cavalluccio di porcellana

Annoiato dalle chiacchiere da adulti in occasione della solita pigra riunione parentale nel salotto lentinese della Zia Lina, girellavo per la casa, senza trovare niente di interessante. Agnese, la fidatissima cameriera veneta che ci voleva tanto bene e che ci rimpinzava di nascosto di succulenti panini super-imbottiti, era andata a Messa e non potevo contare neanche sulla sua complicità. Rientrato nel salotto, mi avvicinai al pianoforte verticale e ne aprii il coperchio. Schiacciai il pedale della sordina, col blocco sulla sinistra, e provai a premere qualche tasto. Le note richiamarono l'attenzione dello Zio Peppino, che aveva appena calato con soddisfazione una carta al tresette. Si girò, col suo solito sorriso bonario, verso di me:
- Che fai *comparello*? Ti metti a suonare?
- Oh no, zio... – risposi con la mia sincera e un po' imbarazzata vocetta nasale - ... non so suonare, io. Però, mi piacerebbe tanto imparare! Che poi noi a Roma ce l'abbiamo il pianoforte. Che dici papà?

Mio padre calò una figura, controllando le reazioni del suo compagno e quelle dei due avversari:
- Mah, vedremo... - rispose senza impegnarsi, mentre mia madre, con un sorriso velato di tristezza, interruppe le chiacchiere con le zie:
- Sarebbe stato contento il Nonno Riccardo...

- *A quali storie!* – si alterò la Zia Lina – *Lassa perdiri! Nun ciù fari sturiàri u' pianoforti!* **Annunca cci finisci comu a X.X.!**[124]

Conoscevo il nome del personaggio: già allora era molto noto come presentatore RAI e si avviava ad una carriera che l'avrebbe portato ad essere uno degli eroi della televisione nazional-popolare. Non capivo però che c'entrasse con il pianoforte e con il mio ingenuo ma fervente desiderio, ma, vista la faccia estremamente corrucciata e contrariata della Zia Lina, che, peraltro, nessuno degli adulti presenti aveva osato contraddire, mi feci ancor più piccolo della mia infantile statura, chiusi il coperchio dello strumento e mi dileguai verso il balcone.

Nei mesi e negli anni seguenti ebbi modo di capire la frase con cui la cugina di mio padre aveva bruciato sul nascere la mia forse innata vocazione musicale. Un pomeriggio, a Roma, mentre a casa degli zii scorrevano le immagini della trasmissione del sabato sera, condotta proprio da X.X., la Zia Lina seduta sulla sua poltrona Frau e quindi distante dal televisore, ordinò perentoriamente:

- *Agnese! Veni 'cca, cangia canali, viremu cchi fanu no' secunnu*[125]. *Iù, a chissu nunn' u pozzu vìriri! Macari u' cavadduzzu s'arrubbò!*[126]

- Eh, sì, *siora*: proprio quello che stava con zampe in su... Ce n'erano quattro e ne sono rimasti tre!

Da mezze frasi degli zii e dal racconto, in separata sede, della cameriera veneta, seppi i particolari della storia.

---

124 "*Ma neanche per sogno! Lascia stare! Non glielo fare studiare il pianoforte! Sennò gli finisce come X.X.!*"

125 Secondo canale RAI-TV.

126 "*Agnese! Vieni qua, cambia canale! Vediamo cosa fanno sul secondo. Io questo non lo posso vedere! Si è perfino rubato il cavalluccio!*"

Credo che X.X. sia figlio di un cugino dello Zio Peppino. Da ragazzo era studioso e piuttosto brillante, tanto da laurearsi regolarmente in Giurisprudenza, obbedendo ai desideri della famiglia. Ma l'interesse per la musica – per l'appunto aveva preso lezioni e diploma in pianoforte - e lo spettacolo lo spinse, credo nei primi anni sessanta, a concorrere per una selezione RAI. Arrivato a Roma, si fece obbligo di andare a far visita all'illustre parente – lo Zio Peppino - che nella Capitale era da anni insigne primario oculista all'Ospedale Fatebenefratelli dell'Isola Tiberina. Fu accolto, con la migliore cortesia formale, nel salotto buono, e fatto sedere sul divano degli ospiti. Me lo immagino, con le lunghissime gambe piegate ad angolo acuto, composto ed un po' imbarazzato, attento a sorseggiare il tè e a rispondere ai convenevoli rilassati dello Zio Peppino, che lo affiancava sull'ampio sedile col busto un po' piegato, la gamba accavallata ed il gomito appoggiato sul bracciolo, e alle severe sentenze della Zia Lina – un'autentica versione in gonnella del *Ferribbotte* dei "Soliti Ignoti"-, dalla sua poltrona.

A un certo punto squillò il telefono, la Zia Lina andò a rispondere e tornò per chiamare all'apparecchio il marito: si trattava di un paziente che chiedeva, per prendere l'appuntamento - mansione cui si dedicava rigorosamente la Zia - alcune delucidazioni e chiarimenti che solo lo Zio Peppino poteva fornire. Il giovanotto rimase quindi momentaneamente da solo in salotto.

A questo punto, come in alcuni romanzi di Agatha Christie, ci sono due versioni degli accadimenti. Quella di Agnese, la cameriera veneta, e quella che la logica vorrebbe più probabile:

1) Il giovane X.X., attratto dalla serie di quattro cavallucci di porcellana azzurra artisticamente affiancati su un ripiano della pregevole vetrina del '600 - pezzo forte del mobilio del salotto -, si alza dal divano, apre la vetrina, girando delicatamente la chiave con pompon, sottrae uno dei cavallucci, quello rampante, e se lo mette nella tasca della giacca, per poi velocemente richiudere lo sportello a vetri, riprendere la tazza del tè e risedersi composto, prima del ritorno nella stanza degli zii. Che ovviamente, al momento, non si accorgono del furto e più tardi, terminata la visita, accommiatano affabilmente il giovanotto, ignari del grave misfatto. Solo molti giorni dopo, la zelante cameriera si accorge dell'assenza del grazioso animaletto, richiama l'attenzione della Zia e il subdolo delitto viene scoperto;

2) X.X. rimane composto e un po' imbarazzato, con la tazza in mano, dalla sua parte del divano, limitandosi ad uno sguardo verso i quadri del salotto, il più grande dei quali raffigura la solita marina con le barche dei pescatori in secco. Quando gli zii rientrano, i cavallucci sono quindi, ovviamente, tutti al loro posto, nella stalla di vetro. Agnese, qualche giorno dopo la visita, intenta nella settimanale spolveratura dei ninnoli della vetrina, urta incautamente la bestiola di porcellana, che, infrantasi sul pavimento di marmo, viene giudicata non riparabile neanche con la colla UHU (l'Attack non era ancora stato inventato). I frammenti, nascosti nel grembiule, vengono poi fatti sparire, in un involto di giornale, nella pattumiera. Con studiato ritardo, la cameriera ha tempo di inscenare la scomparsa del cavalluccio al cospetto della contrariata ed accigliata padrona.

Per quale oscuro motivo si diede credito, rafforzando negli anni l'antipatia per il futuro eroe della TV nazional-popolare, alla versione di Agnese? Sinceramente convinto dell'innocenza di quello che all'epoca era un allampanato giovanotto siciliano di belle speranze, ho delle idee sui motivi della scelta da parte degli zii:
a) Agnese era la migliore domestica che si potesse immaginare: efficiente, instancabile lavoratrice, obbediente alle indicazioni della Zia Lina ma prodiga di piccoli consigli pratici che miglioravano, con un'iniezione di saggezza subalpina, gli antichi rituali della trinacria rurale per la perfetta conduzione della casa. Aveva assistito fino alla serena dipartita, con dedizione ed evangelica sopportazione, lo scorbutico ed autoritario *Sior Alfio*, anziano ed incontinente padre della Zia Lina e fratello maggiore di mia nonna. Tre pomeriggi a settimana smetteva il grembiule da cameriera e indossava un elegante camice verdolino, per diventare infermiera/segretaria ed accogliere e gestire i pazienti privati dello Zio Peppino. Li faceva entrare dall'ingresso padronale del grande appartamento, accomodare nella piccola ma confortevole sala d'aspetto e poi nel grande studio per la visita oculistica. Onestissima, gestiva il danaro ed accettava con un sorriso discreto le piccole mance, infilandole prontamente nella tasca del camice. Erano lontani i tempi dell'orgoglio padano, esteso al triveneto, e del boom economico del nord-est: la depressione economica del Polesine e aree limitrofe, portavano negli anni '50 e '60 ad una massiccia emigrazione di giovani donne che andavano a servizio nella Capitale, magari per farsi la dote e il corredo e poter tornare al paese più ricche e rispettate. Il gradiente economico era anche culturale e Agnese divenne fedele al punto di

immedesimarsi nell'orgoglio domestico, per la preminenza sociale degli zii all'interno della sfera parentale. A tutto ciò corrispondeva, di riflesso, una credibilità assoluta della domestica e la sua versione fu accettata immediatamente ed incondizionatamente.

b) Nella cultura originaria della Sicilia Orientale, per decenni piuttosto impermeabile ai miasmi occidentali della mafia, la vera elevazione sociale si ottiene con il lavoro ed il sacrificio – il Mastro Don Gesualdo verghiano ne è il tragico prototipo - e non con il colpo di genio e l'intuizione artistica estemporanea. Per cui, il mancato avvocato X.X. era un esempio comunque disdicevole, a prescindere dal presunto furto del cavalluccio. Spesso si accoglie con più favore e sollievo la narrazione che meglio si accorda coi propri pregiudizi.

Tempo fa, attraversando sulle strisce pedonali Via della Giuliana in prossimità del mio studio, incrociai l'ormai incanutito ma sempre sulla breccia X.X.. Lo avevo già riconosciuto mentre entrambi, dai lati opposti della larga strada, attendevamo il momento propizio per muoverci. Quando arrivammo quasi faccia a faccia, cessando per un attimo di controllare che da destra o da sinistra giungesse un bolide pirata, lo guardai negli occhi. Lui, sicuramente abituato ad essere osservato e credo a volte anche intervistato e complimentato dagli sconosciuti passanti, ricambiò lo sguardo con un lieve sorriso. Una volta in salvo, agli opposti lati della carreggiata, lui proseguì per Via Grazioli Lante, mentre io mi voltai a guardarlo:

- Ehi! X.X.! Che ne hai fatto del cavalluccio? Pensavi, dopo tanti anni di averla fatta franca?

Le frasi si abbozzarono nella mia mente ed uscirono solo in un lieve bisbiglio. Sorrisi a mia volta e lo lasciai magnanimamente andare, come quando avevo ritrovato, nel parcheggio dei mezzi di servizio dell'ufficio postale di Viale Mazzini, l'amata Vespa 50 "Elestart", che mi era stata rubata durante quella tragica festa vent'anni prima. Ma sì, che si tenesse pure l'azzurro equino rampante. Il fratello, con le quattro zampe posate, forse per la maggior stabilità unico superstite dei quattro originari, non realizzerà mai il sogno del ricongiungimento familiare. Resterà per sempre solitario, giunto attraverso complicate derivazioni ereditarie, nella vetrina del salottino della casa di mia madre. Proprio di fronte al pianoforte Zimmermann del 1920 comprato da mio nonno negli anni '50: lo stesso che non imparai mai a suonare.

Per colpa di X.X.!

La colazione dei coglitori

Capitò, qualche anno, che la nostra permanenza in Sicilia per le vacanze di Natale coincidesse con l'inizio della raccolta degli agrumi nella nostra proprietà. Mio padre mi portava alla "Palma" ma, preso dall'ansia di perlustrare la campagna, che nei mesi precedenti, quelli passati a Roma dopo la fine delle vacanze estive, aveva solo immaginato, ben presto si dimenticava della mia presenza. La priorità era percorrere in lungo e in largo i vari appezzamenti, passando dalle stradicciole sterrate e deviando agli incroci con le linee delle "saie", canalette di irrigazione ottenute con file interminabili di "conci" (pietre calcaree squadrate) e rivestite internamente di cemento, che solcavano l'agrumeto. Spesso scendeva dalla saia e si intrufolava fra le piante d'arancio. Io detestavo quell'andirivieni, non capendone assolutamente il motivo: pur essendo basso e quindi non costretto, come lui, a frequenti piegamenti del busto per evitare i rami sporgenti, quel girovagare mi irritava. Oltretutto, nei punti assolati, c'erano le chiazze di ortiche da evitare, sia con le mani che con le ginocchia, lasciate scoperte dai "pantaloncini all'inglese" (inevitabili per un bambino borghese degli anni sessanta). Ben presto, poi, qualche grumo di terra secca mi entrava nelle scarpe, piuttosto cittadine, aggiungendo fastidio al fastidio. Non sempre mio padre riusciva ad evitare con la testa i rami d'arancio, che gli facevano cadere quel cappello di lana verde, moscio, formato "Borsalino compatto", che preferiva indossare in Sicilia, segno distintivo dell'emigrato in città rispetto alla classica coppola nera, che invece indossavano tutti gli altri "signori", da mio nonno ai miei zii anziani. Quando succedeva, ed era piuttosto raro, era l'unico momento per me divertente: mi scappava da ridere, non tanto per il cappello, ma per la faccia sorpresa di mio padre. Poi magari mi dispiaceva, se vedevo qualche goccia di sangue uscire dalle feritine sul suo cranio pelato, ma lì per lì ridacchiavo divertito. Mio padre si girava verso di me e mi fulminava con uno sguardo disgustato: non tanto per l'irritazione nel vedermi godere di una sua disgrazia, ma perché mi dimostravo chiaramente inadatto a cogliere l'atmosfera di ansiosa partecipazione al suo contatto con l'amato agrumeto: non capivo, non riuscivo a capire. Del resto, come avrei potuto stare nella sua testa e seguire i suoi complicati calcoli: quante arance c'erano su quell'albero, quante meno su un altro o di più su quell'altro ancora? Facendo una media, moltiplicando per il numero degli alberi di quell'appezzamento e sommando ai dati degli altri siti, otteneva, sempre mentalmente, dei numeri, che confrontava col risultato dei raccolti degli anni precedenti e con le stime eseguite in estate dai "sensali" dei commercianti o da quelli indipendenti. Il quesito era: il prezzo concordato col commerciante per la vendita "a colpo" era corretto? Oppure: quanto si sarebbe ricavato quell'anno, considerata la quotazione pro-chilo pattuita, in caso di vendita "a peso"? Cosa poteva saperne un bambinetto di tutto ciò? Io pensavo a quando lo strazio della camminata sarebbe finito e avrei potuto finalmente sedermi su un muretto e togliermi la terra e i sassolini dalle scarpe.

Poi arrivavamo nel punto dove le squadre di coglitori erano all'opera e per me tutto cambiava, ovviamente in meglio. La raccolta delle arance è uno spettacolo magnifico. Avevo visto altri contadini al lavoro, d'estate: con la motozappa fra gli alberi, col falcetto contro i rovi, con lo zappone nell'irrigazione albero per albero. Ma erano lavori "singoli". Parzialmente collettivo era il lavoro dei rimondatori: potavano alberi adiacenti, ma ognuno si occupava del proprio. La raccolta è invece un'attività cooperativa, con continuo contatto visivo e soprattutto vocale fra i vari operai. In linea di massima, le mansioni sono quattro: staccare le arance dai rami bassi, occuparsi di quelli alti mediante apposite scale, travasare i panieri ("panari") colmi nelle cassette di plastica e trasportare queste ultime sul carrello del trattore o direttamente sul pianale del camion, se gli alberi sono abbastanza vicini alla strada. Gli uomini si dividono i compiti. I più anziani ed esperti, fra cui spicca il *capu-gghiurma* (capo ciurma), sono addetti a staccare i frutti, con la specifica cesoia a braccia cortissime e arcuate tenuta fra il pollice e l'indice piegato, mentre le altre dita e il palmo ricurvo della mano destra sorreggono l'agrume e la sinistra aiuta con una controspinta, oppure distanziando o avvicinando i rami. L'agrume deve essere staccato col suo picciolo (*piricuddu*), tagliandolo molto corto, tangenzialmente alla sfera (oggi arrivano nei supermercati mandarini o clementine con rami e foglie, ma non era affatto la moda dell'epoca). I frutti privi di picciolo vengono considerati in automatico come raccolti da terra e non staccati dalla pianta e declassati alla vile e poco remunerata categoria di "cascola". Con perizia e velocità le arance vengono fatte scivolare nei "panari", un tempo di vimini ma ormai da molti lustri realizzati in plastica gialla, col manico nero. Questo può essere utilizzato per tenere il recipiente, nell'incavo del gomito sinistro piegato, o per attaccarlo momentaneamente ai pioli della scala, mediante cordicelle che lo legano ad una forcella di legno. Altre volte i panari vengono posati per terra e le arance vengono fatte cadere direttamente dentro, ma sempre con un certa delicatezza, accompagnandoli con le due mani. Quando sono pieni, vengono chiamati a gran voce i ragazzi più giovani, che si aggirano fra gli alberi con le cassette in spalla e, tenendole ben ferme, aspettano che le arance vi vengano scaricate. Finito il travaso, il coglitore segnala il termine dell'operazione col grido "*Abbucaàaiu!*"[127]. Il giovane può allora spostarsi verso un altro coglitore o partire verso il carrello se la cassetta è piena. Un altro è addetto a sistemare le cassette sul pianale, compensando il troppo pieno o il troppo vuoto e impilandole a dovere. I ragazzi meno esperti, quindi, faticano chiaramente di più e spesso si beccano, in soprammercato, le prese in giro degli anziani.

Oggi, nelle chiacchiere popolari sul lavoro o al bar, si parla moltissimo di calcio (maschi) e di pettegolezzi mondani (donne). All'epoca, in Sicilia, questi argomenti erano piuttosto rari. In prevalenza le chiacchiere si basavano sulle vicende di ciascuno, celiando magari su veri o presunti difetti fisici o su vicende coniugali:
- *Minchia, sì siccu comu 'n chiovu! A chi tti run'ammanciari ta' mugghieri?*
- *Pi mmia nunn'è u' picca manciari! Iè chiddu ca 'ssa carusa pritenni doppu ra' cina!*

---

127 *Ho travasato! Si sta versando di fuori...*

- *Boni semu! Iè allura n' avem' a scantari! Troppu picciotta sa pigghiò ssa mugghieri! Mittemu u' caso ca na notti iddu 'nsa fira... A' matinata appressu, mentri nui semu 'cca a travagghiari, idda 'n si putissi togghiri u 'pittuttu cunn' autru?*[128]

Altre volte l'argomento era l'assenza di fidanzate, o le scarse qualità morali delle stesse, l'eccentricità dei vestiti, i difetti o la vetustà delle auto o delle moto; oppure si raccontava di episodi in cui la vittima aveva mostrato scarsa furbizia o inesperienza. Ma, se il ragazzo sapeva rispondere, la presa in giro rimbalzava a qualche coglitore più anziano e il vento bonario dell'ironia popolare cambiava direzione e verso, finendo per concentrarsi su un altro malcapitato.

Poi, quasi all'improvviso, verso le undici, il capo-ciurma copriva, alzando il tono, le chiacchiere delle squadre:
- *Chiffà, uoggi 'nsi mancia? Amuninni, carusi, finemu ri inchiri 'ssi casci e carricamu! Tanu, addumma 'ssu focu!*[129]

Il ragazzo passava il suo paniere a qualcun altro e preparava, al centro di uno spiazzo, una piccola pira di rami secchi d'arancio, prelevandoli dalla grande catasta appositamente lasciata in loco, alla fine della rimonda, la primavera precedente. La vampa era immediata e in pochi minuti si formava un discreto letto di

---

[128] *-Caspita, sei secco come un chiodo. Che ti dà tua moglie da mangiare?*

- Per me non è il mangiar poco! È quello che lei pretende dopo cena!

- Andiamo bene! Allora c'è da aver paura! La moglie se l'è presa troppo giovane! Supponiamo che una notte lui non ce la fa... La mattina dopo, mentre noi siamo al lavoro, non potrebbe soddisfarsi con qualcun altro?

[129] *Che facciamo, oggi non si mangia? Ragazzi, forza andiamo, finiamo di riempire quelle casse e carichiamo! Tano, accendi il fuoco!*

braci. I coglitori, intanto, avevano lasciato le rispettive occupazioni e si avvicinavano allo spiazzo, sistemando a cerchio, attorno alla brace, i conci, blocchetti di pietra calcarea demoliti dalle saie in disuso, e ci si sedevano sopra. Dalle borse e dagli involti che si erano portati da casa tiravano fuori le mezze pagnotte di grano duro, ricavandone delle fette sottili. Con dei lunghi rametti le fette venivano infilzate al centro e avvicinate alla brace, in modo da presentare al calore una faccia obliqua, col ramo che fungeva da supporto posteriore. Dalle scatole o dai barattoli tiravano fuori una manciata di olive salate e speziate e le gettavano direttamente sulla brace semispenta alla periferia del fuoco, rigirandole poi con altri bastoncini. Nel frattempo erano usciti fuori dalle borse anche i pezzi di pecorino fresco coi grani di pepe e qualche fetta di salame.

Il mio sguardo doveva essere piuttosto eloquente e il capo ciurma interpellava mio padre:
- *Prufissuri, vuliti favuriri cu' nuautri?*[130]
- No grazie, per noi è troppo presto... come avessi accettato.
- *A mia mi pari ca u' picciriddu iavi fami!*[131]

Questa volta rivolgendosi a me:
- *Nt' affruntari, amuninni, assettati 'cca e manciti 'na schidd' i pani 'cu l'alivi!*[132]

Guardavo mio padre, trovavo il suo sorriso consenziente e mi dirigevo al mio piccolo sedile di pietra. Il capo-ciurma toglieva dal fuoco un fettina di pane abbrustolito e raccattava dalla cenere

---

130 *Professore, volete favorire con noi?*

131 *A me sembra che il bambino abbia fame!*

132 *Dai, non ti vergognare, siediti qua e mangiati un pezzo di pane con le olive!*

tre grosse olive, strofinandone la buccia leggermente croccante fra le dita callose per pulirle, e mi consegnava il tutto, assieme a un triangolo di formaggio. Altro che troppo presto! Mi gustavo quell'anticipo di pranzo come in paradiso. Il pane croccante, gli aromi di aglio e finocchiello selvatico dalla pasta morbida delle olive scaldate, il forte del pecorino. Non osavano offrirmi anche il vino. Del resto lo beveva solo qualcuno, versandone piccole quantità da bottigliette ben tappate, custodite fino ad allora in un apposito scomparto del tascapane. Era rosso, denso, fortissimo, col riflesso iridescente del tannino sulla superficie; per lo più veniva da Pachino, quando le serre e i famosi pomodorini non erano ancora stati inventati. Allora era terra di vigneti a bassa rendita ed altissima gradazione, il cui prodotto veniva in massima parte esportato all'estero come vino da taglio. Nelle vene dei Bordeaux e dei nobili vino del Reno, scorreva una buona parte di sangue siciliano assai plebeo! A mio padre il vino di Pachino non piaceva molto e neanche a me, per quel poco che avessi potuto assaggiarne (all'epoca ai bambini, specie ai maschi, si faceva bere un dito di vino durante i pasti). Preferiva quello dell'Etna, più leggero e profumato dai minerali vulcanici o, al limite, quello di Vittoria.

- *Taliassi comu 'cci piaci 'ssu manciari a u' picciriddu! Prufissuri, nun ci pari unu ri nuautri! L'annu ca veni, su 'cci accatta 'na forfice di cugghituri, c' ansignamu u' travagghiu magari a r' iddu!*[133]

Sapevo che era un bonario complimento, ma sorridevo beato. L'aria frizzante era scaldata dai residui del falò e il bel sole face-

---

133 *Guardi come gli piace al bambino questo cibo! Professore, non le sembra uno di noi? Il prossimo anno, se gli compra una forbice da coglitore, gli insegniamo il mestiere anche a lui!*

va il resto. Masticavo lentamente ed inspiravo: finalmente mi riconciliavo con la campagna.

La capanna di Robinson

La TV dei ragazzi era un momento imperdibile della giornata: alle 17 e 30, separava il primo pomeriggio, dedicato prevalentemente ai compiti, dalle ore precedenti la cena, in cui si poteva giocare o leggere un libro (non di studio). Se non si riusciva a finire i compiti prima della TV dei ragazzi, c'erano due opzioni: 1) negato il permesso di vederla; 2) solenne promessa di terminarli dopo.

Devo dire che in casa nostra, poiché sia io che mia sorella eravamo bravi a scuola e molto responsabili, i nostri genitori molto raramente ci sottoponevano alla soprascritta drammatica alternativa. E lo stesso riguardava Rino, mio amichetto del cuore (in quanto vicino di palazzo oltre che compagno di scuola). Quindi molto difficilmente ci perdevamo il programma, che era strutturato secondo la ricetta della RAI del tempo: il giusto (per loro) mix di cultura, educazione, divertimento. Si alternavano filmetti, cartoni (pochissimi!), documentari, serie teatrali in diretta ("La Nonna del corsaro Nero!") e un solo quiz, "Chissà chi lo sa?", condotto da Febo Conti.

A parte l'apoteosi dello "Zecchino d'Oro", che sbaragliava ogni concorrente nel gradimento infantile, c'erano alcuni apprezzatissimi classici, come Lassie, Rintintin o Zorro: il germe americano corrompeva i nostri teneri cervellini e impostava noi baby boomers come futuri Hollywood-dipendenti.

Poi c'erano dei memorabili film a puntate. Ricordo con commossa nostalgia (e gratitudine per gli autori) "L'Isola del Tesoro" e, soprattutto, il grande Domenico Modugno di "Scaramouche". Quando passava la sigla iniziale con lui al galoppo che cantava "Com'è bella l'avventura!" la partecipazione infantile arrivava ai massimi livelli e davvero non riuscivo a star fermo sulla sedia: quanto lavoro per i miei neuroni specchio e quanta intontita estraneazione, quando, finita la puntata, stentavo a riconnettermi con la realtà dell'appartamento romano. Il fatto che mi appassionassi così tanto ad una commedia musicale - io che odiavo profondamente i western tipo "Sette Spose per Sette Fratelli", in cui i cow-boy, invece di scazzottare e spararsi, deponevano la Colt o il Winchester e imbracciavano la chitarra, cantando come usignoli per poi baciare la bella di turno- la dice lunga sulla bravura e la simpatia che emanava il grande Modugno.

Ma il film a puntate più amato, e non solo da me, era "Robinson Crusoe".

"Da (seguiva un numero) settimane mi trovo su quest'isola deserta...": iniziava così la narrazione diaristica della puntata, con un breve riassunto, ad uso di quanti avessero perso le precedenti. L'avventura scorreva e ci appassionava profondamente e non mi stancavo di seguirla con gli occhi sbarrati, anche se conoscevo grossomodo la trama, per aver letto la riduzione per bambini del capolavoro di Daniel Defoe e aver dato più di un'occhiata alle pagine - ingiallite e forate dai tarli brasiliani - di un'edizione integrale inglese di fine '800, comprata usata da mio nonno e regalata a mia madre. Aveva delle illustrazioni affascinanti, una ventina in tutto, intercalate nel volume, incisioni magnifiche d'epoca, con Robinson, il pappagallo, Venerdì, i selvaggi, la natura lussureggiante dell'isola e gli oggetti provenienti dal relitto della nave naufragata. Le stesse cose, oltre tutto animate, erano proposte dal telefilm, in un bianco e nero di gran livello.

Mi sono sempre chiesto cosa abbia in più il capolavoro di Defoe rispetto ad altri celebri romanzi d'avventure. Credo – e mi scusino gli psicoanalisti e gli studiosi di letteratura - che la trama geniale del romanzo intercetti uno dei più potenti sentimenti infantili e pertanto permanentemente situato nel nocciolo della psiche dell'adulto: la paura di essere lasciato solo dai genitori nel mondo ostile. E insieme l'orgoglio di potersela cavare da soli, con l'unica risorsa della propria intelligenza pratica, dovendo necessariamente fare a meno degli elementi culturali che i genitori e la scuola, che nella società civile ne surroga ed amplia la funzione, incessantemente, dalla nascita all'uscita dal nido domestico, vengono imposti al bambino, pretendendone l'assorbimento. Ogni norma cui obbedire, ogni comportamento da imitare, ogni soluzione ai problemi derivante da altrui intuizioni ed elaborazioni è per il fanciullo un boccone con una parte amara da mandar giù: la rinuncia all'orgoglio della propria individualità e della propria autonomia. Il bambino, con la parte razionale del proprio essere, ben comprende il vantaggio di questo baratto: ma nell'intimo la parte istintuale protesta, più o meno vivacemente, in occasione di ognuna di queste rinunce. Robinson Crusoe è l'eroe che vendica l'individuo umiliato dalla civiltà. Paura di essere lasciati soli e orgoglio di potercela fare: questa l'argilla bicolore che Defoe ha impastato per creare la statuetta del suo capolavoro.

Per una volta, leggendo il libro o guardando il film di Robinson Crusoe, il bambino si trova con un modello la cui imitazione non costa sofferenza e rinunce, ma al contrario crea autostima ed orgoglio. Chi di noi non ha sognato, di fronte ad un albero, una grotta, un cumulo di legni lasciati su una spiaggia dalla mareggiata, di creare il proprio rifugio alla Robinson?

Ed eccomi, mentre seguivo mio padre per le sterrate e i viottoli dell'agrumeto, coi pantaloni corti e gli scarponcini ortopedici cui ero condannato per il piede piatto, a fantasticare di improbabilissime avventure alla Robinson ambientate alla "Palma". La nostra campagna era composta di pezzi e pezzetti, non contigui, frutto della divisione ereditaria elaborata dal mio bisnonno per la dote delle tre figlie femmine. A ciascuna era toccato un terzo della casa padronale e dei magazzini, un terzo dell'agrumeto, un terzo del seminativo irriguo, un terzo della vigna e così via frazionando, con l'intenzione di essere giusto ed equanime, non facendo favoritismi per nessuna delle sorelle. Il risultato era una specie di vestito di Arlecchino, in cui si era obbligati a condividere stradelle e servitù di passaggio. Solo raramente il mio sguardo infantile poteva spaziare su un paesaggio del tutto "nostro". Mentre seguivo il genitore immerso nelle sue osservazioni agronomiche, nei suoi calcoli e progetti su rimonda, zappatura, concimazione, trattamento antiparassitario, salute e carico di frutti di questo o quell'altro albero, io, completamente disinteressato – per età e cultura cittadina - alle silenziose riflessioni paterne, cercavo invece il posto dove avrei potuto finalmente costruire la mia capanna, possibilmente segreta. L'impresa, per i motivi di cui sopra, si rivelò davvero ardua: la natura organizzata e squadrata delle coltivazioni agrumicole, con gli appezzamenti di alberi piantati fitti, separati da strette stradelle, fossi, saie e canalette, non assomigliava per niente alle spiagge deserte, alle foreste di mangrovie e alle colline selvagge del romanzo di Defoe. A dispetto della denominazione della contrada, dovuta forse all'antica presenza d'un grande ed ombroso esemplare, ora di palme ce n'erano solo due: una di medie dimensioni, piantata da un parente vicino alla nuova casa che aveva voluto costruire negli anni '50, ed una davvero piccolina, eroicamente sopravvissuta al trasporto da Roma, ove era diventata troppo invadente rispetto al suo vaso sul nostro terrazzo cittadino e sistemata alla meglio da mio padre su un muretto a secco. Unico altro elemento "esotico" erano degli stentati banani, che vivacchiavano grazie alle perdite di un pozzetto di diramazione delle tubazioni per l'irrigazione, e che producevano in estate inoltrata dei frutti piccoli e rugosi, pressoché immangiabili. Guardavo e riguardavo in giro, alla ricerca del mio posticino, ma l'impresa mi sembrava piuttosto disperata.

Finché un giorno non adocchiai le fronde basse di un grande olivo, che facevano ombra su un fosso al lato di una strada interna. Finalmente un'ambientazione un po' pittoresca! Confidai il segreto a mio cugino Cirino, a Lentini, e lui mi consigliò, se volevo costruire una capanna seria, di iniziare da solide fondamenta:
- I pali principali li devi piantare bene, altrimenti ti crolla tutto. Devi fare dei buchi profondi e magari ci devi mettere del cemento...
- Cemento? E dove lo piglio, scusa?
- Aspetta, vieni con me...- rispose con un furbo sorrisetto.

Nella loro bellissima casa, una villetta incastonata nel quartiere "Sopra la Fiera" di Lentini, alcuni operai stavano sistemando una scala interna che conduceva ai magazzini a livello strada. Una piccola impastatrice era in movimento, alimentata da un cavo volante che veniva dalla casa abitata.
- Possiamo prenderne un po'?- chiese Ciro indicando l'interno della macchina.
- *Nunn'è cuosa ri jocu!*[134] – rispose il capomastro senza sorridere.
- *Cci serbi ariddu 'n campagna...*[135] – lo convinse il mio complice passando dall'italiano al dialetto.
- *Ie unn' u mittiti?*[136]
Cirino corse di sopra, nella stanza esterna dove avevano biciclette, giochi e attrezzi e tornò con una scatola metallica di biscotti, rettangolare. Fu riempita di cemento fresco, chiudendo il coperchio, infilata in un sacco di iuta e portata di corsa alla nostra macchina, che mio padre, mentre mi cercava per partire per la Palma, aveva lasciato aperta sotto casa. Ficcai l'involucro segreto sotto il sedile del guidatore, salutai mio cugino e risposi alla chiamata di mio padre:
- Sono già qui alla macchina!
- Ma dove ti eri cacciato? Ti cercavo di sopra! – chiese mio padre discretamente contrariato.
- Ero andato un attimo alla villetta a chiedere a Ciro se voleva venire con noi in campagna...- mentii parzialmente.

---

134 *Non è una cosa con cui si gioca!*
135 *Gli serve a lui, in campagna...*
136 *E dove lo mettete?*

- E ci viene?

- Macché! Mannaggia... - finsi una faccia delusa.

- Va bè, andiamo, va!

In prossimità dell'imbocco della trazzera che portava alla nostra proprietà, mi finsi addormentato sul sedile posteriore e mio padre, una volta arrivati e parcheggiata la macchina sotto il solito grande carrubo, mi lasciò star lì; si mise gli scarponi, e andò a cercare compare Alfio, *'u iardinaru*[137], per il solito giro di perlustrazione. Sgattaiolai fuori dall'auto e tirai fuori il prezioso involucro. Mi diressi ad uno dei magazzini e prelevai una pala piccola, che da tempo avevo adocchiato, e quattro pali di legno, derivanti dalle rimonde stagionali, un po' storti e nodosi ma robusti, accatastati negli anni per ogni uso in fondo al grande locale. Aggiunsi una decina di sacchi vuoti del concime chimico, un sacchetto pieno di spezzoni di spaghi, una forbice da rimonda, sottratta alla sua fondina lasciata incautamente appesa all'attaccapanni assieme a fetidi ed incrostati pantaloni da lavoro, ed un frammento di tavoletta di compensato. Misi il tutto su una carriola e mi affrettai fuori dal locale, attento a non perdere parti del carico quando la carriola scese il gradino della porta e quando incontrò le asperità del terreno, nel tragitto fino al luogo segreto. Per fortuna mio padre ed il contadino avevano in passato più e più volte tollerato il mio gioco di far finta che la carriola fosse una moto, permettendomi di scorrazzare per il cortile e per le stradine vicine facendo *"bruuuuuum-bruuuuum"* per mezz'ore intere. Così mi ero perfettamente impratichito del mezzo e lo con-

---

[137] "giardinaro": uomo di fiducia del proprietario dell'agrumeto, che vi lavora fisso, ingaggia gli stagionali, controlla gli specializzati in potatura, irrorazione di antiparassitari e raccolta.

dussi felicemente, con intatto il suo contenuto, al grande olivo. Scaricai il materiale mi misi subito a lavorare con la pala per scavare, sul fondo del fosso, quattro buchi di circa quindici centimetri di diametro, profondi una decina, li riempii di cemento utilizzando la tavoletta di compensato come cazzuola e ci ficcai i pali, cercando di farli restare il più possibile dritti, in verticale. Sapevo che il cemento ci avrebbe messo diverse ore a consolidarsi, ma non avevo tempo da perdere. Tornai di corsa verso il cortile e girai intorno alla casa, infangandomi un po' gli scarponcini perché in quel punto era stato appena irrigato, e raggiunsi un angolo ove, protette dallo spiovente del tetto, erano state ammassate in gran quantità delle grosse canne. Ne caricai in spalla quante più possibile le mie braccia ad "O" potessero circondare e tornai alla mia capanna in costruzione. Feci altri tre o quattro viaggi, non incontrando, per fortuna, anima viva.

Iniziai a piantare nel terreno del fosso le canne, una accanto all'altra, chiudendo il disegno rettangolare iniziato coi pali. Poi spalmai il cemento residuo alla base delle canne, per il perimetro della mia capanna. Utilizzando la tecnica appresa da un un vecchio album degli scout brasiliani appartenuto a mia madre e da noi considerata la Bibbia del ragazzo avventuroso, legai, alla sommità dei quattro pali, delle canne perpendicolari, in modo da costituire le travi del soffitto e, per maggior sicurezza, collegai a loro volta queste ultime ai rami dell'ulivo che scendevano verso il fosso. Con la forbice, conscio del pandemonio che sarebbe scoppiato se mi fossi ferito in qualunque modo, praticai dei buchi ai quattro apici dei sacchi di plastica del concime chimico e cominciai col paziente lavoro di annodarci dei pezzi di spago. Legando, in maniera non troppo regolare e sistematica, ma comunque efficace, gli spaghi alle canne, realizzai il soffitto della capanna e la tenda verticale di entrata. Per renderla più accogliente, sparsi sul pavimento di terra le canne residue e vi distesi sopra, apertolo prima con le forbici, il sacco di iuta che aveva contenuto la scatola del cemento; la quale, vuota, giacque come unico suppellettile della mia nuova abitazione. Vi nascosi la forbice e uscii trionfante dalla capanna, allontanandomi un poco per ammirarla orgoglioso.

Ma intanto, anche se la foga del lavoro aveva relegato nel subconscio le grida di mio padre e le suonate di clacson, che duravano da oltre mezz'ora, si era fatto quasi buio. Era l'inizio di settembre e le giornate si erano decisamente accorciate. Presi la carriola e la buttai in un altro fosso poco distante, iniziando a correre a perdifiato per l'agrumeto, sotto gli alberi, ferendomi anche leggermente sulla tempia con un rametto secco: tagliare per la diagonale lo "stacco dei mori" era sicuramente una scorciatoia per arrivare prima al cortile.

Vi trovai mio padre furente, accanto allo sportello aperto della Opel. Poco distante da lui, al fianco della sua vecchia motocicletta MV Agusta 125, c'era compare Alfio, il *giardinaro*. Fu lui che mi vide per primo:

- *'Dda iè! S'arricampò u picciriddu! Bonu... Prufissuri, su nunn'avi autro ri cumannari, iù mi ni issi...*[138]

Nel frattempo, senza attendere la risposta liberatoria da parte di mio padre, già metteva lo scarpone sulla pedalina e scalcia-

---

138 *Eccolo! Il bambino sta ritornando! Bene, Professore, se non ha altro da comandare io me ne andrei...*

va per mettere in moto l'anziano quattro tempi, che al terzo tentativo, brevemente tossicchiando, partì obbediente. Montò in sella, incalcandosi la coppola in testa, e partì senza indugio per il paese:
- *S'abbinirica Prufissuri! Nni viremu rumani!*[139] – gridò sgasando moderatamente e staccando la frizione.

Come in un western di Sergio Leone, io e mio padre, rimasti soli, ci fronteggiammo nel cortile ad una certa distanza. Io non mi avvicinavo di certo e lui, combattuto fra la rabbia e la gratitudine al destino per il fatto che ero lì sano e salvo, dopo tutte le tragiche congetture che gli erano passate per la testa negli interminabili minuti in cui lui e l'uomo di campagna mi avevano cercato ovunque e chiamato a gran voce, indugiava ad inseguirmi per darmele di santa ragione. Rimanendo a distanza, come fossi un suo alunno chiamato alla pedana davanti alla lavagna per l'interrogazione, con voce stranamente fredda, mi chiese:
- Si può sapere dove diavolo eri? E perché non hai risposto alle chiamate?

Mi misi a piangere, più per l'agitazione e la preoccupazione di come avrei fatto a giustificarmi che per abilità attoriale:
- Papà scusa, mi ero addormentato sotto una *casuarina*[140], al confine col Loco Grande.

Lui si commosse alla mia conoscenza di luoghi e denominazioni della nostra campagna:
- E com'è tanto sonno?

---

139 *I miei rispetti, Professore, ci vediamo domani.*
140 conifera usata come frangivento.

- Stanotte non ho dormito per il caldo e le zanzare, e poi c'erano i nonni che russavano e le moto che facevano rumore per la strada... - iniziai piagnucolando a mentire. Con quelle parole speravo di poter penetrare in un varco che ben conoscevo delle mura della sua cittadella razionale.

Le sue notti lentinesi erano assai disturbate proprio dagli elementi che avevo citato, tanto da spingerlo negli anni seguenti a ristrutturare la casa di campagna e farne la nostra sede delle vacanze estive, al posto di quella dei nonni in paese. Avevo colto nel segno e la sua rabbia si tramutò in tenera comprensione per il sofferente ed insonne figlioletto ed erede:
- Va bé, e perché non hai continuato a dormire in macchina?
- C'era caldo... E invece lì al confine, all'ombra, c'era un bel venticello...
- E come mai sei così sudato?
- Ho corso come un matto quando mi sono svegliato al suono del clacson della Brunilde!
- E perché quelle mani così sporche?
- Sono caduto correndo in mezzo agli aranci...

Neanche il suo amatissimo Immanuel Kant avrebbe saputo costruire un impianto di difesa così perfetto in logica formale ed applicata. Il professore si fece ingannare dal furbo bambinetto. Che così, asciugando le lacrime e tirando su col naso, prese posto sul sedile anteriore della Opel senza che il genitore gli torcesse un capello e senza neanche dover incassare i rimbrotti che giustamente avrebbe meritato. La stanchezza per il frenetico lavoro e la corsa nell'agrumeto, la dolce consolazione per la scampata punizione paterna, il commosso orgoglio per aver realizzato la mia opera, assieme agli scossoni della strada, attutiti dalle morbide sospensioni della Brunilde, mi causarono un botta di sonno reale. Che però combattei fieramente con pizzicotti sull'interno delle cosce col pensiero, condito d'ardente desiderio, che il giorno dopo avrei rivisto il risultato del mio ingegno e del mio lavoro: una capanna tutta mia!

Ma il pomeriggio dopo le cose andarono assai diversamente da come me l'ero immaginate. Scesi dalla macchina, all'ombra del carrubo, fummo raggiunti subito da compare Alfio:
- *A 'ieri quarcarunu trasiu no' maiazei e s'arrubbò 'na carriola e 'na forficì 'ppi rumunna!*[141] – s'affrettò a dare la mala notizia il capo-contadino.
- *Sulu 'ssi ru' cuosi?* – replicò mio padre più infastidito dalla notizia che contrariato dalla perdita – *E 'u tratturi? A motozzappa? 'U chimmucu? L'ogghiu ru' muturi a scoppiu?*[142]
- *Nenti Prufissuri, 'ddi cuosi nunn' i tuccànu!*[143]
- *Chiffà po' gghiessiri quarcarunu chi 'cci vuosi fari 'n dispettu? 'Na minazza?*[144]
- *Nun crìru, prufissuri...* - e fu li che abbassò lo sguardo verso di me – *Pirchì prestu ammatinata 'a attruvaiu a forfici...* - si godette lo sguardo sbalordito di mio padre - *e mentri ca 'nni turnavamu ai casi 'ppi manciari, Turi attruvò macari a carriola!*[145]

---

141 *Ieri qualcuno è entrato nel magazzino e ha rubato una carriola ed una forbice per potare!*

142 *Solo 'ste cose? E il trattore? La motozappa? Il concime chimico? L'olio del motore a scoppio?*

143 *Niente, Professore, quelle cose non l'hanno toccate!*

144 *Che può essere stato qualcuno che ci ha voluto fare un dispetto, una minaccia?*

Mio padre, ammutolito, guardava con sospetto il sorrisetto del suo dipendente, che, continuò:
- *Vinissi cummìa, Prufissuri, vinissi a taliari 'ssa cuosa stramma!*[146]

I due uomini si avviarono verso la direzione che temevo; io ero rimasto paralizzato vicino al carrubo:
- *Veni macari tu, Iaffieddu!*[147] - mi apostrofò il giardinaro con un ampio gesto della mano e mio padre, girandosi, trasformò col suo sguardo l'invito in un comando.

Fu l'inizio del disastro: in breve fummo sul luogo del delitto, evidentemente non così nascosto come avevo immaginato. Mio padre, vedendo la capanna, in un attimo ricollegò i fatti attuali al mio ritardo del giorno prima e mi guardò con severità e disprezzo. Compare Alfio gli mostrò la scatola dove aveva trovato la forbice e proseguì indicando il fosso dove Turi aveva rinvenuto la carriola:
- Ma che sarebbe 'sta cosa? – mi chiese mio padre indicando la mia disgraziata costruzione.
- *'U ventu a fici asdrurrubbari...*- ridacchiò il contadino -*... Bidduzza aviv' a gghiessiri, ma ci licò u tettu ai rrama di l'alivu e 'ssanuotti vento forti cci fù...*[148]

A quel punto non potei fermare le lacrime: povera la mia capanna! Era ridotta ad un ammasso informe di canne e brutti sacchi del concime, mezzo appeso all'albero.

---

145 *Non credo, professore... Perché stamattina presto la forbice l'ho trovata e, mentre tornavamo alle case per mangiare, Turi ha trovato anche la carriola!*

146 *Venga con me, Professore, venga a vedere 'sta cosa strana!*

147 *Vieni anche tu, Alfiuccio.*

148 *È stato il vento che l'ha fatta crollare... Doveva essere carina, ma ha legato il tetto ai rami dell'olivo e stanotte c'è stato vento forte...*

- Neanche sulla nostra terra l'hai fatta! – mise il dito nella piaga mio padre – Non lo sai che quel fosso e quell'ulivo sono della Zia Mery?

Peggio di così non poteva andare: la mia faccia esprimeva una tale umiliazione che mio padre, pur non nascondendo il disprezzo e la disapprovazione, rinunciò ad ulteriori punizioni:
- *Appulizzia tuttu cuosi!*[149] – ordinò seccamente in siciliano all'uomo di campagna, indicando i miseri resti della mia costruzione.
- *Prufissuri, u picciriddu fici na babbiata, ma troppu malu c'arristò...* - sussurrò compare Alfio all'orecchio di mio padre, rivelando doti inaspettate di umanità - ... *su 'cci permetti c'a rifazzu bona iù 'nda nautra banna*[150].

Mio padre si limitò ad alzare le spalle, mi prese per mano di malagrazia e si allontanò dal fosso verso le case.

Qualche giorno dopo, il contadino, tutto sorridente, mi portò nelle vicinanze del pozzo sociale. Sotto un grande albero di limone, accanto alla *"gebbia quadrata"*, aveva tirato su una capannina. La vecchia vasca per raccolta dell'acqua si era spaccata sul fondo, anni prima, quando un improvvido parente, per aumentarne la capacità, aveva fatto alzare i muri di bordo. Piuttosto che ripararla e demolire il rialzo posticcio, probabilmente per evitare questioni su chi dovesse pagare i lavori di ripristino di quel bene comune, era stata abbandonata. Il *giardinaro*, aveva approfittato di un angolo fra la sponda della gebbia e il lungo muro che costituiva l'inizio dell'acquedotto, completando il perimetro basso con dei "conci", i blocchi

---

149 *Pulisci tutto quanto.*

150 *Professore, il bambino ha fatto una bravata, ma c'è rimasto troppo male... se permette gliela rifaccio meglio da un'altra parte.*

di calcare che sono il materiale da costruzione più comune delle campagne e dei paesi di quella parte della Sicilia, affiancati per bloccare delle vecchie tavole di legno, messe su verticali a costituire la terza parete, essendo le altre due costituite dall'angolo del muro della *gebbia*. Il tetto era stato fatto sfruttando gli stessi miei quattro pali, e le mie canne, disposte perpendicolarmente ad essi e con in mezzo, a sandwich, i sacchi di plastica del concime chimico che io avevo aperto. Una serie regolare di pietre larghe pesavano sulle canne, ben fitte ed allineate, per evitare che il vento distruggesse anche quella costruzione. La quarta parete, fra le tavole e il muro della *gebbia*, era interamente costituita da un telo, un pezzo di tenda per le *fumegazioni*[151], che fungeva da porta d'ingresso.

Devo ammettere che non era fatta male. Anche il luogo, appartato e ombreggiato dal vecchio grande limone, era piacevole. Non mi feci pregare per entrare dentro la casetta, spostando la tenda. Mi sedetti sul pavimento, che compare Alfio aveva reso confortevole con abbondante paglia coperta da sacchi di iuta: la luce filtrava debole negli interstizi fra le canne del tetto, essendo i sacchi di plastica semi-trasparenti. Uscii con un sorriso e ringraziai sinceramente il costruttore:

- *Iai vuogghia ri jucarici! Uora 'u sai unni iri quannu veni 'ncampagna cu' ta patri!*[152]

---

151 Trattamenti antiparassitari in cui si circonda una o più piante con una tenda e poi all'interno si versa un reagente in un mastello per far liberare un gas ad alta concentrazione di cianuro di potassio, che si fa agire per alcuni minuti, per poi passare ad altre piante.

152 *Hai voglia a giocarci! Ora lo sai dove puoi andare quando vieni in campagna con tuo padre.*

- Sì grazie, davvero!
- *Bonu, uora lassami ir' a travagghiari, ca si fici tardu...*[153]- disse allontanandosi soddisfatto.

Rientrai nella microscopica casetta, in verità più simile ad una cuccia per cani che a qualsiasi altra costruzione conosciuta, e mi sdraiai: per la diagonale, il mio corpo di bambino c'entrava comodo. Stetti un poco a fantasticare, con le mani dietro la nuca. Poi uscii per riguardare la costruzione dall'esterno.

Sì, mi piaceva abbastanza, ma non riuscivo ad amarla completamente: forse poteva essere considerata la mia capanna, ma non l'avevo fatta io, non era la vera capanna di Robinson Crusoe.

---

153 *Bene, ora lasciami andare a lavorare, ché s'è fatto tardi.*

La vita toglie, la vita dà (Accade al camposanto)

Ero già grandicello e avevamo cambiato macchina, dopo la triste dipartita della Opel Rekord 1700, detta "Brunilde", abbandonata per mesi nella curva larga di Via Mogadiscio, a Roma. Era stata parcheggiata lì, in attesa del risarcimento da parte dell'assicurazione dei danni causati dall'incidente in via Salaria, al quale avevo assistito come spettatore, perché al ritorno dal ristorante domenicale avevo preferito salire sui sedili posteriori della Lancia Flaminia Coupè dello zio Peppino piuttosto che su quelli della nostra Opel Rekord. Un bel botto, contro una Fiat 600 che era partita col rosso, pensando che mio padre, anziché girare su Viale Somalia, tirasse dritto su Via Salaria. In attesa delle pratiche, essendosi la Brunilde ferita seriamente (faro anteriore sinistro, parafango rientrato con la ruota che non girava bene, paraurti mezzo staccato) ed essendo già vecchiotta (dieci anni), mio padre aveva comprato una Simca. In seguito venne fuori che il conducente della 600 non aveva l'assicurazione e che si era rotto una costola a causa del rientrare dello sportello. Mio padre fu mosso a pietà e rinunciò a chiedere l'indennizzo direttamente a "quel poveraccio". La Opel rimase abbandonata per mesi e poi la Municipale, tramite Filomena la portiera, aveva fatto avvisare mio padre che, se non l'avesse fatta rimuovere, una pesante multa sarebbe stata spiccata nei confronti della proprietaria (mia madre). Brunilde terminò la sua carriera non al quarto atto dell'Anello dei Nibelunghi, ma in un orrendo sfascio sull'Olimpica, circostanza che a noi bambini fu opportunamente celata, ma che appresi con sgomento, ormai adolescente, dalla bocca ironica di mio padre, davanti ad una vecchia foto di tutta la famiglia accanto alla Opel Rekord nuova e fiammante.

La Simca 1501 Special, acquistata nel 1969, era bianca e si distingueva dal modello normale per il motore spinto a 81 CV DIN (a 5200 giri/min), le striscioline nere (una più larga) lungo tutta la fiancata, le borchie nero e cromo, il pomello del cambio (a cloche) ed il volante in legno, quest'ultimo con razze forate, privo del classico rigonfio centrale comprimibile per il clacson, comandato invece da una curiosa levetta lunga, che partiva dal cruscotto a sinistra del volante. Il suono era magnifico, erogato da trombe bitonali acutissime e potenti, che avvaloravano la mia immagine della nuova auto: una capricciosa (come cercava di sculettare sui viadotti, presa dal vento laterale!) francese, ben diversa dalla vecchia cara tedescona (Brunilde). In seguito, mio padre ne avrebbe accentuato la sportività dotandola di fari gialli antinebbia Carello, rettangolari, avvitati al paraurti anteriore, e di contagiri tondo applicato a satellite sul cruscotto. Probabilmente per farmi un po' innamorare della nuova venuta e dimenticare la precedente mamma a quattro ruote, mio padre mi propose un'avventura: andare in Sicilia noi due da soli per i Morti. Mia madre, infatti, non aveva giorni di ferie e mia sorella aveva la tosse e il raffreddore:
- Abbiamo pochissimi giorni e proveremo a partire di sera, verso le nove. Viaggeremo tutta la notte e così avrò la mattina del primo

novembre e il tardo pomeriggio (dopo pranzo recupererò il sonno) per incontrare già i commercianti. Si continuano le trattative il 2, cimitero o non cimitero. Magari poi si conclude il 3 e ripartiamo il 4 mattina, arrivando di pomeriggio a Roma, in modo che ci si possa riposare.

Esponeva il programma senza alcun entusiasmo. Appassionato della coltivazione degli agrumi, aveva a memoria ognuna delle sue 5000 piante, come ricordava quasi tutti i suoi allievi dei corsi liceali di filosofia. Per lui la coltivazione era una missione, il rispondere all'imperativo morale di piegare la natura alla razionalità umana. Fossi, canalette, irrigatori, muretti a secco, entità della potatura, strade inter-poderali e intra-poderali, chili di fertilizzante e ore d'acqua: ecco gli elementi della sua mappa mentale, quando lo vedevi assorto, soprattutto durante la guida, nei nostri interminabili viaggi verso l'isolona tripuntuta o nelle file (allora moderate) del rientro dalle scampagnate domenicali. A volte tradiva il filo dei suoi pensieri contando con la mano, col taglio poggiato sul volante e le dita –dal pollice in avanti- a stendersi in sequenza. Mescolato al dovere morale di agro-filosofo, c'era, forte, anche l'elemento di rivalsa familiare: dimostrare di saper fare meglio, lui - lontano ottocento chilometri ma dotato di gusto per l'innovazione e solide capacità logiche - dei suoi parenti. Anche di coloro che avevano ricevuto di più e di meglio dai genitori e dai nonni, ma pigramente amministravano le loro proprietà, ricavandone non certo il tranquillo benessere che le campagne assicuravano ai possidenti delle precedenti generazioni, ma comunque una cospicua integrazione alle loro professioni borghesi, tale da permetter loro di conservare in paese prestigio e distinzione. La nostra famiglia, invece, era stata bersagliata dalla nera sorte dell'avventura libica degli anni venti e mio nonno era dovuto ripartire da zero, con le sue umili ma vaste competenze agronomiche, avendo poi a disposizione solo la modesta estensione della campagna ricevuta in dote dal suocero, fortunatamente rimasta fuori dal disastro nordafricano.

Ma quando poi si trattava di finalizzare, di quantizzare, di vendere il frutto dell'annata agrumicola, per mio padre era una specie di via crucis, le cui stazioni percorreva più in fretta possibile, fino alla morte sul calvario della stretta di mano col commerciante, infilando nel portafoglio l'assegno ripiegato della caparra d'anticipo. La resurrezione ci sarebbe stata solo a raccolta terminata, quando, sgravate dal peso dei frutti, le piante avrebbero potuto di nuovo rispondere alle cure del loro proprietario, ancorché impartite da lontano, attraverso concitate telefonate o, ancor prima, lettere accurate e scritte in calligrafia elementare. Mio padre, infatti, era davvero scarsamente versato per le trattative commerciali. Non concepiva le simulazioni, le bugie ad esse legate, i tira e molla estenuanti, l'azzardo, il desiderio di approfittare degli errori della controparte e di mettere in saccoccia il provento della transazione, onesto o truffaldino che fosse. L'ordine kantiano della sua mente non concepiva simili bassezze ed era perciò vittima frequente, oltre dei commercianti d'arance lentinesi, di truffatori da strada e venditori porta a porta (la casa piena di inutili enciclopedie).

Questa sofferenza, questo Calvario morale, era concentrata non già nel periodo della passione di Nostro Signore, ma "per i Morti", periodo di vacanza a quei tempi generosamente allargato da "ponti" nel calendario scolastico: scontato quello del 3 di novembre, che univa la doppietta "Ognissanti-Commemorazione defunti" al 4, "Anniversario della Vittoria", a volte la vicinanza della domenica permetteva di allargare ampiamente il periodo di chiusura delle scuole. Ma quell'anno c'erano solo quattro giorni secchi e mio padre aveva deciso di imporsi il cilicio del viaggio d'andata di notte, sfruttando al massimo i giorni a disposizione, per trangugiare più in fretta possibile l'amaro calice delle trattative coi commercianti.

Tutto ciò io, all'epoca, non lo percepivo consciamente e, alla sua proposta, risposi come Watson agli inviti di Sherlock Holmes; o come Passepartout, fido cameriere, al Phileas Fogg del "Giro del mondo in ottanta giorni". Il programma di viaggio fu presto fatto: mio padre avrebbe prolungato il pisolino pomeridiano e poco dopo, ingollato un caffè doppio, saremmo saliti a bordo della Simca bianca, odorosa ancora di nuovo. Arrivati a Napoli, avrei dovuto scartare i panini preparati da mia madre e porgere al pilota quanti ne avrebbe desiderati, contemporaneamente mangiandone io alcuni. Sarebbe stato poi il momento della sosta in Autogrill per svuotamento vescicale, abluzioni rinfrescanti e seconda dose di caffeina per mio padre. Risaliti in macchina, avrei dovuto dormire fino alla mezzanotte sul sedile posteriore; dopodiché, svegliato dal guidatore, sarebbe stata l'ora di una seconda breve sosta calabrese, a un distributore, per altra eventuale pipì, rifornimento di benzina e mio ritorno al posto accanto al conducente. Da quel momento, il mio compito sarebbe stato tener sveglio mio padre con stimolazioni varie, fino all'arrivo a Villa San Giovanni. Nei giorni precedenti l'impresa, raccolsi qualche idea e mi proposi di intrattenere il genitore in discussioni su:

1) automobili passate, presenti e future;
2) funzionamento del motore a scoppio;
3) battaglie epiche degli antichi romani;
4) consumo previsto di carburante, considerando la velocità media e la distanza ancora percorrere;
5) eroi calcistici della sua generazione e confronto coi calciatori attuali (in tale circostanza, provare a scardinare la sua bonaria antica appartenenza juventina e portare il genitore verso il mio nascente tifo giallorosso).

Da evitare accuratamente, invece, argomenti come "che state studiando a scuola in questo periodo?": la separazione fra la sua figura di padre e quella d'insegnante fu una regola non scritta che ci imponemmo tacitamente per tutto il ciclo dei miei studi, salvo una breve deroga nei venti giorni prima della maturità, in cui, assistendo a delle sue lezioni private di filosofia, mi resi conto con stupore e sgomento della sua eccezionale bravura di insegnante. Consisteva soprattutto nella capacità di far penetrare concetti anche difficili attraverso le coriacee pareti delle zucche dei suoi discepoli, usando esemplificazioni concrete, storielle piccanti e paradossi. Il tutto testimoniava con forza la sua passione nel diffondere la cultura. Ma, al di là di quel lampo, ciò che mi trasmise mio padre in campo culturale fu essenzialmente il suo esempio morale, le poche frasi a commento dei fatti esposti dai telegiornali, qualche rara spiegazione sui meccanismi della Repubblica, gli aneddoti di quando collaborava al giornale del Partito Liberale e poi a quello Repubblicano. E poi i libri: quelli che mi regalava, altri che lasciava sul comodino, certo della mia curiosità, o quelli che mi consentiva tacitamente di sottrarre agli scaffali più alti della libreria, nonostante il lieve pericolo della scala su cui mi arrampicavo. Lui si era fatto da solo una cultura e replicava con me, non credo per disinteresse, quello schema.

Tutto si svolse secondo i piani; uniche sgradevolezze, l'eccesso di aglio nella frittata dei panini e la nausea che continuava a darmi il termos del caffè, non solo quando dovevo aprirlo, ma alla sua sola vista. Quella volta, però, mi presi una piccola rivincita sull'odiato contenitore:
"Perché non te ne bevi un sorso anche tu, dato che devi restare sveglio per farmi compagnia?" mi sorprese mio padre dopo la sosta calabra. E fu una delle prime volte che potei assaporare il liquido marrone: alla fine non era male, solo troppo dolce, sicuramente però meglio di quella porcheria d'orzo che veniva propinata a noi bambini da Agnese, la cameriera veneta della Zia Lina, dopo i pranzi domenicali a casa loro.

Vuoi per l'eccitata volontà fanciullesca, vuoi per la caffeina, il mio ruolo di "intrattenitore vegliante" fu svolto con dedizione ed efficacia. Ancora non albeggiava ed eravamo sul ponte del traghetto: io sbocconcellavo, con fiero e goloso orgoglio, il greve ma gustoso arancino della ditta "Garibaldi", accanto ad un genitore assorto e un po' infreddolito, nonostante la sciarpa ed il cappello. Oramai il più era fatto: Messina all'alba e senza un'anima, i paesi del litorale con poco traffico e poi Catania, con la pittoresca e solitaria animazione dei soli lavoratori mattutini, soprattutto il va e vieni dal porto dei pescherecci alla zona della porta Uzeda, sede del mercato del pesce all'aperto. Infine il rettifilo deserto (non solo per l'ora, ma anche per la stagione) dei lidi della Plaja; poi liberi, verso Siracusa, imboccando finalmente il tratto della S.S. 114 - Orientale Sicula - che diveniva superstrada. Arrivati al bivio per Lentini, a mio padre venne un'idea:

"Perché non ci togliamo subito il pensiero del cimitero? La commemorazione dei defunti sarebbe domani, ma ci sarà confusione e tanta gente. Oggi molta meno: così ci sbrighiamo, andiamo a casa della nonna, scarichiamo la macchina e facciamo un salto alla Palma. Ci facciamo una girata, capisco quante arance ci sono e poi torniamo per pranzo. Poi ci riposiamo e magari nel tardo pomeriggio ricevo qualche commerciante. Domani poi saremmo liberi di alzarci più tardi e di starcene tranquilli a casa, aspettando visite e trattative."

Un ragazzino di undici anni dell'epoca non si sarebbe sognato di contraddire il piano genitoriale, anche se di salire al camposanto, dopo quella sfacchinata notturna, non mi andava proprio. Annuii ed emisi un "Uhm" di svogliata approvazione. La ripida salita in pietroni lavici che lambiva il vecchio ospedale e che porta tuttora al cimitero fu uno scherzo per la trazione posteriore della potente francesina bianca e trovammo un comodo parcheggio, a lato di una bancarella di fiori, dove mio padre si rifornì. Coi mazzi legati dalla rafia in mano, raggiungemmo la cappella di famiglia. La porta era chiusa ma qualcuno aveva fatto pulizia e c'erano già dei fiori sull'altarino. Sistemammo anche i nostri, dopo aver scovato altri vasi e averli riempiti alla fontanella. Ci facemmo il segno della

croce e mio padre pregò in silenzio per suo fratello, per suo padre, morto solo un anno prima, e per tutti gli altri parenti, rivolgendo lo sguardo verso le lapidi di ciascuno, con le fotografie vetrificate. Come al solito, gli chiesi chi erano tutti quei miei omonimi:
"Questo, lo sai, è tuo zio, mio fratello..." non seppe frenare un singhiozzo di commozione, ma poi si riprese "... Quest'altro è mio cugino, figlio di Salvatore (il fratello grande del nonno) e padre di Turi e Pippo..."
"Infatti gli somiglia a Turi! Caspita, è morto giovane..." mi fermai in attesa di una risposta, che però tardava, perché era evidente una nuova botta di commozione.
"Sì, troppo giovane! Era così bello conversare con lui, quando tornavo in Sicilia durante gli anni dell'università... Sai era un professore, anzi poi diventò preside; con lui potevo parlare di cose che con altri..."
"E questo con la lapide più piccola?"
"È mio nonno, il tuo bisnonno."

Non c'era la fotografia, peccato: avrei desiderato vedere se, portando lo stesso nome, gli somigliavo un po'. In realtà c'era un suo grande ritratto in casa dello zio Guglielmo, appeso a destra della porta, ma nessuno per molti anni mi disse che si trattava del mio bisnonno: ricordo solo dei gran basettoni ed un viso largo.

Usciti dalla cappella, mio padre era non solo stravolto dalla stanchezza del viaggio, ma anche commosso dai ricordi, uno stato d'animo che, come si vedrà, lo rendeva quasi ebete. Camminava a piccoli passi, guardando avanti, con lo sguardo fisso, quasi facendosi tirare da me, che l'avevo preso per mano e non vedevo l'ora di

uscire da quel luogo freddo, che mi creava comunque una certa inquietudine. Eravamo quasi a metà del vialone d'uscita, in leggera discesa, quando mio padre si bloccò, non rispondendo più ai miei lievi strattoni: i suoi occhi avevano incontrato una coppia di mezza età, che evidentemente aveva ricambiato lo sguardo. Eravamo ancora piuttosto lontani e non potevano sentirci. Diedi alla sua mano uno strattone deciso:
"Papà, chi sono? Perché ci fermiamo? Andiamo, ti prego!"

L'espressione di mio padre era di chi alla stanchezza associa l'angoscia di non riconoscere qualcuno che avrebbe dovuto: cercava disperatamente nella memoria di decodificare le fattezze dell'uomo, grossomodo suo coetaneo, quindi forse compagno di scuola o di giochi infantili. Essendosi fermato, ormai non era più questione di un sorriso, di un cenno con la testa o di uno sfiorare con due dita la tesa del cappello. Lo sconosciuto, tenendo a braccio quella che evidentemente era la sua signora, si fermò anche lui, fronteggiandoci:
"Buongiorno!" esclamò mio padre col più sofferto dei sorrisi "Come stai?"

Si strinsero la mano e così facemmo vicendevolmente anche io e la moglie, con delle brevi presentazioni che riguardarono solo il mio nome e quello della signora. Anche il tizio era piuttosto impacciato:
"Bene, grazie, e tu?"
"Bene, arrivo adesso da Roma, son passato subito a salutare i cari defunti..."

"*Opira di misericordia sprituali!*"[154] intervenne seria e solenne la moglie, alzando le sopracciglia e sollevando il mento, coperto di non lieve peluria scura.

La grave approvazione gelò ancora di più l'atmosfera. Mio padre, al culmine dell'imbarazzo, cercava disperatamente, girando gli occhi assonnati a desta e a sinistra, di uscire dall'angolo del ring dove si era cacciato:

"Beh, certo... *Seppellire i morti* è opera di misericordia corporale – la sua conoscenza del catechismo gli venne in soccorso – ma *Pregare Iddio per i vivi e per i morti* è appunto una delle opere di misericordia spirituale! E fortunato è chi i propri cari può ancora salutarli davvero e pregare per loro da vivi..."

Tutti annuirono, consenzienti; ma nonostante la bella mossa, eravamo ancora bloccati all'angolo, ed io sussurrai all'orecchio di mio padre:

"Papà, ora andiamo!"

Ignorandomi, volle uscire con stile ed eleganza:

"... Quindi, salutami caramente tuo padre e digli che lo ricordo sempre con affetto."

"Veramente, mio padre è morto!" rispose il presunto conoscente con sguardo più di rimprovero che di tristezza.

Con l'intenzione di risalire la china, mio padre aveva messo il piede su una roccia franosa ed ora ci trovavamo scivolati più in basso. Ma il suo sforzo dialettico non era affatto vinto; sfoderò la faccia più contrita possibile e il tono di voce più lamentoso:

"Oh, mio Dio, come mi dispiace! Come mi dispiace! Non l'avevo saputo, nessuno mi ha detto niente: sai, stando a Roma... Guarda, ti esprimo, anche se in ritardo, le mie più sentite condoglianze... E ti prego, trasmettile anche alla tua cara mamma... Poverina, chissà

---

154 *Opera di misericordia spirituale!*

come avrà sofferto, povera donna, dopo tanti anni insieme... Salutamela affettuosamente, mi raccomando!"

La faccia dell'ipotetico amico d'infanzia si fece ancora più buia, le sopracciglia ancora più convergenti verso il basso e un lieve tremore scosse la metà sinistra del labbro, sormontato dal baffetto brizzolato ben regolato:
"*Veramente, morsi macari idda!*"[155]

Le cose si mettevano davvero male: le scarpe di mio padre sembravano avere le suole di piombo del mostro di Frankenstein. Bloccato dalla cattiva figura, fu insensibile all'ennesimo mio strattone, accompagnato dalla ripetizione accorata del consiglio di fuga:
"Papà, ti prego, andiamo!"

Impietrito e confuso, raschiò il fondo del barile delle sue capacità retoriche e, come spesso gli capitava, trovò nei felici prati della filosofia il fiore candido e profumato che ci avrebbe permesso di svincolarci dallo scabroso stallo:
"Oddio! Anche lei? Che brutta notizia mi dai! Ti chiedo ancora scusa, mio caro; come ti dicevo, vivendo a Roma, vengo informato solo di alcuni fatti. Ti faccio nuovamente e sinceramente le mie condoglianze per entrambi i tuoi genitori..."

Progressivamente, mio padre recuperava una sorprendente tranquillità, andando sul terreno delle frasi fatte e dei luoghi comuni. Ma, per me che lo conoscevo, questo piccolo miracolo era derivato dall'idea che gli si era formata in testa, dall'asso di briscola trovato fra le carte che aveva in mano. Per questo il suo viso si era rasserenato, quasi sorridente, già ascoltando dentro di sé la frase ad effetto che avrebbe chiuso felicemente il dramma atto unico che

---

[155] *Veramente, anche lei è morta!*

si stava inscenando al cimitero di Lentini. Da qualche istante mi ero accorto che il suo sguardo si era spostato dal presunto amico alla moglie. Nel pronunciare la fatidica frase, oltre che sorridere gentilmente, mio padre indirizzò più volte la mano destra, col braccio semi-flesso, in direzione della donna:
"... Del resto è così dal tempo dei tempi: **la vita toglie e la vita dà...**" e, proseguendo, per chiarire meglio il concetto a noi poco attenti allievi della lezione in tempo di vacanza, questa volta indicando esplicitamente e con gaia solennità l'addome prominente della signora "...Complimenti, davvero i miei più affettuosi e sinceri complimenti per il nascituro!"

Mentre sulla faccia del baffuto marito si levava un rossore furibondo, un livore di tenebra, come il cielo sopra di Golgota alla morte di Cristo, coprì in un istante il volto della donna. Con parole fredde ed irose, rispose al mio avventato genitore:
"Veramente non sono incinta!"

Nonostante avessi solo undici anni, il mio strattone fu stavolta davvero forte, e l'esortazione non più sussurrata:
"Andiaaaaamo, Papà! Andiamo, che è molto meglio!"

Talmente forte che questa vola mio padre, quasi cadendo, fu costretto ad abbandonare la posizione e ad iniziare una fuga salvifica e precipitosa, naturalmente senza salutare la coppia. Anche se non mi voltai a guardali, scommetterei che i due seguirono il nostro allontanarsi con un'espressione di tacita ma ferma riprovazione; e che poi proseguirono disgustati, sempre tenendosi a braccetto, per la loro meta cimiteriale.

Più tardi, già in auto, avrei potuto chiedere a mio padre chi pensava fossero quei due, ma non volendo infierire, evitai l'argomento.

Le scarpe del prete

Padre C. era arrivato puntuale alle otto e mezza di sera, suonando con discrezione il campanello della casa di Roma e accolto con calore da mio padre. Lo fece accomodare in terrazzo, dove il tavolo tondo di marmo era stato già apparecchiato da mia madre, che dopo poco uscì dalla cucina per venire a salutare il prelato e chiamando anche noi bambini a fare lo stesso. Lo ricordo sorridente, leggermente corpulento, di media statura, forse con occhiali (solita spessa montatura nera?). Non riesco a focalizzare nella memoria i tratti del suo volto: di più la voce, squillante, pronuncia scandita, poco accento siciliano. Quanto all'età, doveva essere fra i quarantacinque e i cinquanta, se non altro per un calcolo basato sugli elementi biografici di cui parlerò dopo.

Era passato da Roma per far tappa in qualche ufficio vaticano, di ritorno da Bologna, ove si era recato per il periodico controllo all'Istituto Rizzoli. Forse, proprio lì, gli avevano consegnato una nuova versione delle sue scarpe speciali. Gliele fissavo incuriosito: a Lentini le poche volte che lo avevo visto da vicino, e non da lontano sull'altare, non ci avevo proprio fatto caso, schermata com'era la vista dei piedi dalle sottane dei paramenti sacri. Avevo notato la sua andatura lievemente caracollante, più che zoppicante, con passetti corti e rapidi, ma non l'avevo messa in relazione alle scarpe. Erano lucidissime, di pelle nera, a scarponcino ma estremamente corte: un insieme tozzo e abnorme, evidentemente per me inquietante. Il prete notò i miei occhi sgranati in direzione dei suoi piedi e aspettò pazientemente che lo sguardo risalisse alle gambe, al busto e ai suoi occhi. A quel punto mi sorrise, provocando in effetti un rilassamento della piccola tensione che si era creata in conseguenza della mia morbosa attenzione.

Era un sacerdote moderno, coraggioso, energico nel fustigare i cattivi costumi e i residui di paganesimo insinuati nella cultura popolare dei suoi parrocchiani, i lentinesi del quartiere *"Supra a Fera"*, che dal canto loro lo ricambiavano con un misto di timore ed affetto e con la storpiatura del cognome: per tutti era *"Patri Cannìla"* (Padre Candela), forse per un'automatica associazione mentale con i ceri, tipici delle chiese. La sede della sua parrocchia, "Santa Croce", è un edificio rettangolare, certo non bello, ristrutturato negli anni '50 credo dallo stesso padre C., sulla base della chiesa ricostruita nel 1700 dopo il terremoto del 1693. Senza campanile, ha delle campane appese ad una struttura metallica che sormonta la facciata. Posta all'estremo Nord del paese (poche curve dell'antica statale e si arriva a Carlentini), ha un accesso piuttosto brutto, con muretti che ricordo solo parzialmente intonacati e per il resto con blocchi di calcare ("conci") e malta a vista. Lo spiazzo antistante la facciata e l'entrata, da cui si gode un discreto panorama del paese, d'estate veniva utilizzato per il cinema all'aperto, denominato, con scarsa fantasia, "Arena Santa Croce". Nonostante la posizione estremamente periferica della sua chiesa, per cui bisognava proprio andarci di proposito e non si poteva abbinare una funzione religiosa alla spesa o alla discesa verso la piazza, la personalità ed il carisma di Padre C. assicuravano una buona affluenza e partecipazione alla vita parrocchiale. Mia nonna, da che posso io ricordarla, era già molto malmessa e le difficoltà di deambulazione la costringevano a frequentare, piuttosto raramente, le chiese della parte centrale e bassa del paese, accettando poi magari un passaggio in macchina da qualche parente per risalire al quartiere di *Supra a Fera* e tornare a casa. Ma le altre parenti più giovani o meno artrosiche affrontavano volentieri la ripida salita verso la Santa Croce e alcuni miei cuginetti facevano a gara per fare il chierichetto di Padre C..

Il prete, evidentemente abituato agli sguardi infantili sulle sue estremità inferiori, mi fece una carezza:
- Vuoi sapere perché porto queste scarpe strane?

Annuii, un po' in soggezione, e padre C. iniziò il suo racconto:
- Circa venticinque anni fa, l'Italia entrò in guerra al fianco della Germania, e quando Hitler decise di invadere la Russia, Mussolini mandò anche lui delle truppe, tantissimi soldati, un'Armata. Io ero un giovanissimo sacerdote e la Curia mi aveva destinato ad essere Cappellano Militare, perché ancora non avevo una parrocchia e perché ero sano e forte. Tu sai che Gesù ha detto "Amate i vostri nemici" e anche "Porgi l'altra guancia" e che "Non uccidere" è uno dei Dieci Comandamenti che Dio ha dettato a Mosè per essere scritti sulle Tavole della Legge. Quindi non ci può essere niente di più lontano che la guerra dalla mentalità di un sacerdote... - bevve un sorso d'acqua e si asciugò qualche goccia di sudore dalla fronte e da sotto gli occhi, con un fazzoletto rigato – ... Ma, dove sono le sofferenze degli uomini, lì c'è bisogno della fede e dell'aiuto da parte di

un prete, di una specie di medico che possa provare a curare le ferite dell'anima. Io, lo immagini, sono contro ogni tipo guerra, ma quando il mio superiore mi ha comandato di partire, ho accettato di indossare la divisa e mettere la tonaca nello zaino. Sono partito, quindi, con un treno affollato di nuove reclute che andavano ad aumentare le presenze italiane e, dopo tantissimi giorni di viaggio, arrivammo al fronte. Sei un bambino e quindi non ti posso raccontare delle tante orribili morti e sofferenze: i feriti erano tanti, alcuni gridavano, altri aspettavano la fine in silenzio. I medici potevano poco e il freddo dell'inverno russo faceva il resto. Alcuni ragazzi chiedevano espressamente di me e partecipavano con fervore alla preghiera e ai riti della confessione, della comunione e dell'estrema unzione.

Altri, inebetiti dal poco sciroppo di laudano che era loro concesso, annuivano solamente alle mie litanie, ma m'illudevo di vedere nei loro sguardi un'espressione più serena, dopo che la loro anima si era riconciliata con Nostro Signore. Io venivo trattato bene, alloggiavo nelle tende degli ufficiali o nelle case requisite a loro riservate, ma spesso dovevo uscire per le funzioni. Una sera, chiamato ad assistere un gruppo di feriti che erano stati ammassati in un casolare, in attesa di essere trasferiti all'ospedale da campo, vi fui condotto da un autista col camion, che mi promise di tornare dopo poco a riprendermi. Invece si fece notte fonda e non tornava. Nel casolare non c'era la stufa e le imposte erano sfondate. Qualcuno aveva praticato un foro nel tetto, in un angolo fra due pareti, e aveva acceso un fuoco, in modo che il fumo potesse parzialmente sfogare verso l'alto. Chi poteva muoversi si era ammassato lì attorno;

gli altri feriti giacevano lontani, destinati al congelamento sicuro. Io aiutai alcuni a spostarsi verso il falò e a trasportare rami e pezzi di legno di risulta in modo che il fuoco potesse essere alimentato per le ore della notte. C'era poco spazio, e decisi che il mio posto non era lì, in mezzo ai ragazzi: dovevo tornare al Comando. Incurante dei consigli degli occupanti il casolare, mi incamminai a ritroso per la strada che avevo percorso col camion qualche ora prima. Ero ben equipaggiato, con una specie di sotto-pastrano di carta di giornale, che mi ero fatto da solo, ed il cappotto di lana buona, da ufficiale, il passamontagna ed il cappello. Ma gli scarponi erano così-così, quelli di cartone pressato destinati alla truppa, niente cuoio degli stivali da ufficiale. Li avevo presi di due numeri più grandi ed imbottiti di giornale per migliorare l'isolamento termico. Ma disgraziatamente, in quel binario aperto dalle ruote dei camion nel mare di neve ghiacciata c'era una buca in cui un sottile strato di ghiaccio nascondeva una pozzanghera che non aveva fatto in tempo a solidificarsi del tutto (seppi poi che al camion si era rotto il radiatore proprio in quel punto e che per questo non era tornato a riprendermi). Così, al buio, ci misi entrambi i piedi dentro e il cuore mi disse subito che era una disgrazia. Nonostante che camminando la circolazione fosse attiva, in quei cinque chilometri, i piedi mi si congelarono, senza che io me ne accorgessi più di tanto. Arrivato al Comando, tolti scarponi e calze, avvicinandoli alla stufa, notai il colore blu delle dita, che non cambiava nonostante il calore. Mi misi tre paia di calze asciutte e andai in branda, dove, per la stanchezza, mi addormentai subito, con l'illusione che al mattino i piedi sarebbero stati normali. Ma non fu così: i medici mi rimproverarono aspramente e cercarono in tutti i modi di curarmi. Ma alla fine mi dovettero amputare tutte le dita e parte dei metatarsi, perché si fermasse la minaccia di gangrena. Fui rimpatriato e, giunto in Sicilia, mia madre benedisse il Signore e quei piedi monchi, che gli avevano portato indietro il figlio, non sano ma salvo...

Si interruppe sorridendomi e si asciugò nuovamente la fronte e poi gli angoli della bocca col fazzoletto:
- ... Adesso sai la storia, figliolo, ora sai il perché delle mie strane scarpe.

Il racconto mi aveva impressionato: il solito sorrisetto a labbra chiuse ed occhi a fessura, nel faccione da bravo bambino, che spesso conquistava le maestre supplenti, e le altrui mamme e nonne, stavolta era un po' forzato. Le storie di guerra le avevo viste nei film, in cui l'eroe o moriva o si salvava, sporco e sgraffiato sulla fronte e sulla faccia, ma fondamentalmente illeso e alla fine baciava la bella di turno. Anche nei giornaletti tipo "Super Eroica", non c'era niente di simile: gli inglesi erano eroici e flemmatici, gli americani erano tutti buoni, leali, coraggiosi e forti e quasi sempre si salvavano dai truci tedeschi (in grado di dire solo "Ach!", "Achtung!", "Der Teufel!","Donner und blitzen!") e dai perfidi e malvagi giapponesi (con vocabolario ancor più limitato: dicevano solo "Aieee!" e "Banzai!"), mentre italiani e russi, protagonisti del racconto di Padre C., non erano proprio contemplati. Tuttavia, non potei guardare il prete senza una sincera ammirazione e restare anch'io conquistato dal suo carisma. La sofferenza che aveva provato da giovanissimo sacerdote e la sua mutilazione gli donavano un'aura da martire cristiano che sinceramente conquistava, insieme al suo sorriso ed alle parole ferme, ma non aggressive, lontane dal mellifluo e un po' stridulo eloquio di altri religiosi.

Aveva parcheggiato l'auto, una Volkswagen tre volumi, versione americaneggiante e post-bellica del "Maggiolino", di cui conservava il motore posteriore raffreddato ad aria e l'alimentazione a benzina normale, sotto casa nostra. Lo accompagnammo giù: lui caracollava con la borsa di pelle nera nella mano destra, mentre mio padre portava un fiasco di vino dei Castelli di cui gli aveva fatto omaggio. Il prete lo sistemò con cura, incastrandolo bene fra altri pacchi e valigie, nel bagagliaio anteriore. Poi salì a bordo ed avviò il motore. Mi misi sulle punte per osservare, attraverso il finestrino, come se la cavava con la pedaliera, che era leggermente modificata. Partì tranquillo e deciso, mostrando che freno, frizione ed acceleratore non erano per lui un problema.

Sì, padre C. mi stava sinceramente simpatico.

Arrivederci, addio! *(Uora comu fazzu?)*

Quando mancavano ancora due o tre giorni alla nostra partenza, come i prodromi di una inevitabile tragedia, come i brontolii dalle nuvole scure che si addensano all'orizzonte del sicuro prossimo maltempo, iniziavano le lamentazioni di mia nonna per la nostra partenza:

- *A pirchì vi n' at'agghìri? Ipì* (esclamazione tipicamente lentinese)*! Iè uora comu fazzu? Li gioi mei sinni pàrtunu arreri! A pirchì? Arristàti cummìa!*[156]

- Ma dai, nonna, non fare così... Vedrai che i mesi fino a Natale passano presto... - cercavamo inutilmente di consolarla. La situazione ci metteva davvero a disagio. Anche gli eccessi di affettuosità all'arrivo ci infastidivano un poco, ma allora c'erano l'euforia e la felicità che traboccavano da tutte le parti e le manifestazioni di un sentimento "positivo" sono sempre meglio tollerate. Le esternazioni lacrimose della partenza, invece, ci facevano davvero star male: partecipavamo alla sua disperazione. Sì, percepivamo quel tanto di esagerazione tipica delle donne del Sud, ma era chiaro che mia nonna soffriva davvero. Ci chiedevamo solo il perché di tanta esternazione. Che bisogno c'era di farne una tale tragedia? Oggi forse lo capisco di più.

---

[156] *Ma perché ve ne dovete andare? Ahimè! E ora come faccio? Le gioie mie se ne vanno di nuovo via! Ma perché? Restate con me!*

Nonna Maria aveva un carattere molto espansivo, nel bene e nel male, nella gioia e nel dolore, nella diffidenza e nella simpatica ironia. Le frecciate critiche, sferzanti, le aveva assimilate da suo padre, il patriarca Don Puddu, stimato e temuto possidente e commerciante. Ma non aveva certo la sua granitica autorevolezza, la calma e la sicurezza di sé del capo di una numerosa e rispettata famiglia. In lei le manifestazioni d'ansia erano presto venute a galla, frutto d'una vita sempre in salita.

La malattia e la morte, all'epoca sua molto più che oggi, costellavano la vita della donna del Sud di periodi più o meno prolungati di gramaglie, di *vistini niuri*[157]. E non era solo esteriorità: i lutti subentranti tingevano di nero il loro spirito con macchie sempre più durature e difficili da cancellare. Per lei c'erano state le morti infantili di due o tre fratelli, un altro, Sebastiano – *Nidduzzu* – soffocato adolescente dalla difterite; poi la morte della mamma, Carmela, poco più che sessantenne, che la costrinse, obbedendo all'usanza dell'epoca per cui la figlia maggiore deve assistere il padre vedovo, addirittura a trasferirsi con tutta la famiglia, per oltre dieci anni, nella casa del patriarca. E infine il lutto più straziante, quello per il suo primogenito, mio omonimo, strappato via da un infarto, a lei e alla sua famiglia, a soli trentanove anni.

Aveva sposato Luigi, uomo mite, riflessivo, un po' timido, gran lavoratore. Avevano dovuto prolungare il fidanzamento perché mio nonno era stato fin da subito colpito dalla sfortuna generazionale dei nati, come lui, nel 1888: due anni di leva obbligatoria, più due di Guerra di Libia (1912), prolungati di oltre un semestre

---

157 Abiti femminili neri, da lutto.

per via del colera scoppiato nel suo reggimento e della relativa quarantena. Finalmente sposatisi, ecco la mannaia della nuova chiamata alle armi, nel 1915, col figlio primogenito concepito durante una licenza. Che pathos nel racconto che nonna Maria ci faceva del viaggio per andare a visitare il marito, ricoverato a Vigevano perché colpito dalla Spagnola con complicanza broncopolmonare. Che attenzione alle sue parole, in dialetto mescolato all'italiano! La ascoltavamo, commuovendoci insieme a lei, nei pomeriggi natalizi, attorno al camino del salone della "Palma":

- Cinque giorni *ci misi*: da Lentini a Messina mi accompagnò *ma' soru cu ma' cugnatu e iddu acchianò no ferribbotte e poi stesi cummìa no treno 'nsin' a Napuli e rummèmo 'nda 'n albercu. Ammatinata, iddu sinni turnò in Sicilia* e Io proseguii per Roma, dove *mi 'spittava 'n sò cumpari, ca mi fici stari* a casa sua. *Iappò sula fui, 'cu certi commercianti d'aranci e grano, amici ri ma' pattri, ca mi* aiutarono in certi *stazziuni*, perché *iddu l'* aveva *avvertuti* con posta e telegrafo. *Quann'arruvaiu a Viggevano e scinnii 'ru ttrenu iera tuttu scuru. "Unni sugnu? Accù mi runa versu?". Un ciumi 'cabbanna e 'n ciumi 'dabbanna... "Mattruzza mia, e unn'aggh'iri?"*. "Che cercate signora? *L'Ospitali Militari?* Passate il ponte e *antate* sempre avanti per *menzo* chilometro, che ve lo trovate a mancina!" "Grazie, *signori*, che Dio ve ne *renta* merito della vostra gentilezza!". *'U ttruvai l'ospitali*: c'era un portone grande con la scritta, ma era *'nchisu. Mi fici curaggiu e tuppuliaiu e, doppo tanto, rapìu 'n surdatu:* "Chi siete? A chi cercate?" "A mio marito, il caporalmaggiore Moncada!" "E da dove venite?" "Dalla Sicilia!" "Dalla Sicilia? *Allura paesana* siete! *Io sugnu calabrisi!* Venite, venite, vostro marito non è più grave, venite che *vicci* accompagno io!"[158]

Alla fine mio nonno tornò sano e salvo e vissero tranquilli per un po', godendosi *u' picciriddu*[159] e la ritrovata pace. Ma l'economia instabile del primo dopoguerra e i relativi fermenti erano in agguato. Luigi cedette alle pressioni parentali che lo incoraggiavano ad approfittare delle condizioni agevolate che il governo concedeva ai reduci della Guerra di Libia per colonizzare la Cirenaica. Per far società con suo fratello più piccolo e con un ricco cugino, vendette quasi tutte le sue proprietà siciliane. L'impresa sembrava avere ottime prospettive: un'enorme estensione di terra fertile, mille volte le sue vecchie proprietà attorno a Lentini, fondi sufficienti per investire in mezzi meccanici e sementi, manodopera a basso costo, la sua competenza agraria, quella dell'istruito fratello

---

158 *Cinque giorni ci ho messo: da Lentini a Messina mi ha accompagnato mia sorella con mio cognato, che salì sul traghetto. Poi sul treno con me fino a Napoli e dormimmo in albergo. Lui ripartì la mattina per la Sicilia ed io proseguii per Roma, dove mi aspettava un suo compare, che mi ospitò a casa sua. Da allora in poi fui da sola, con l'aiuto, in certe stazioni, di alcuni commercianti di arance e grano che mio padre aveva avvertito con la posta e col telegrafo. Quando giunsi a Vigevano e scesi dal treno, era già buio. "Dove mi trovo? Chi può aiutare?". C'era un fiume da una parte ed uno dall'altro lato. "Madonnina mia, e dove devo andare?" "Che cercate signora? L'Ospedale Militare? Passate il ponte e andate sempre avanti per mezzo chilometro, che ve lo trovate a sinistra!" "Grazie, signore, che Dio vi renda merito della vostra gentilezza!". Lo trovai, l'ospedale: c'era un portone grande con la scritta, ma era chiuso. Mi feci coraggio, bussai e, dopo tanto tempo, aprì un soldato: "Chi siete? Chi cercate?" "Mio marito, il caporalmaggiore Moncada!" "E da dove venite?" "Dalla Sicilia!" "Dalla Sicilia? Allora siete paesana! Io sono calabrese! Venite, venite, vostro marito non è più grave, venite che vi ci accompagno io!"*

159 *Il bambino.*

Guglielmo per le scartoffie e quella commerciale del cugino! Ma ecco la sorte che volta violentemente le spalle: la loro azienda fatta quartier generale di Graziani, inviato da Mussolini per soffocare la guerriglia tribale risvegliatasi dopo secoli di più avveduto governo ottomano, i continui saccheggi e sabotaggi ad opera dei beduini ribelli, il litigio del fratello Guglielmo col Generale Graziani, il suo arresto con minaccia di fucilazione per tradimento. La faccenda la risolse la mediazione di maggiorenti siciliani: in cambio della liberazione del prigioniero, i funzionari italiani in Libia, in combutta coi militari, si appropriarono del latifondo. Mio nonno rimase spogliato e impoverito, costretto ad accettare dal suocero un impiego come fattore, e mia nonna a fare i salti mortali per pagare gli studi ai due figli (nel frattempo era nato mio padre) e tirare avanti la carretta in modo dignitoso, senza troppo sfigurare davanti agli altri parenti benestanti. E non fu l'unica amarezza che la terra nordafricana dispensò a Maria, perché il suo primogenito, fatto prigioniero dagli inglesi dopo El Alamein, nel 1942, vi languì per molti mesi, senza poter dare che scarsissime notizie sulle sue condizioni.

Insomma, a pensare alle vicende della sua vita, mia nonna aveva ottime ragioni di provare ansia e senso d'abbandono per la partenza dei suoi cari. E dire che il suo carattere, per altri versi, aveva lati scherzosi e allegri, come quando ci prendeva in giro a proposito delle bibite gassate:

- *Iù, di ssi cuosi... birra, Coccacuòla, gazzusa, nunn'a vuvuto mai! Iacqua, vinu, rosoliu, sì: ma ssi cuosi nenti completamenti... Su fussi pimmia, potissunu falliri tutti pari chiddi ca i vinnunu...*[160]

- Ma come nonna, ma se l'anno scorso abbiamo bevuto insieme la birra che aveva portato Turi!

- *Zittiti! Nunn'è bberu! Iù, 'na vita mia, mai 'na vuvutu birra!*[161]

Oppure come quella volta che apostrofò gli amici di mia sorella che erano venuti a trovarci in campagna:

- Oggi la chitarra non l'avete portata?

- Perché, signora, volevate ascoltare qualche canzone?

- *A'quali! M'avissi piaciutu ri farimi 'na sunata!*[162]

- Ma perché, signora, voi sapete suonare la chitarra?

- *Ca certu, 'a sonu bona assai. A sunava sempri, cchi ma soru, 'cca 'n campagna, a sira, nu tirrazzu... E macari cantàvamu e ballàvamu... billissimi canzuni: "Oi Marì", "Fenesta ca lucive", "O sole mio"...*[163]

Il giorno dopo i ragazzi si sedettero tutti attorno a lei, nel salone, e le diedero lo strumento. Lei afferrò il manico con la sinistra, e, senza premere alcuna corda, iniziò a schitarrare senza ritegno, col pollice della destra, e a cantare:

"*Avevu 'na chitarra di cocu...zza!-zza!-zza!*,

---

160 *Io queste cose... birra, Coca-Cola, gassosa, non le ho mai bevute! Acqua, vino, rosolio, si: ma di queste cose, assolutamente niente... Se fosse per me, quelli che le vendono potrebbero tutti fallire!*

161 *Stai zitto! Non è vero! Io, in vita mia non ne ho mai bevuta di birra!*

162 *Macché! Mi sarebbe piaciuto farmi una suonata!*

163 *Ma certo, la suono molto bene! La suonavo sempre, con le mie sorelle, la sera, sul terrazzo... E cantavamo pure, e ballavamo... canzoni bellissime: "Oi Marì", "Fenesta ca lucive", "O sole mio"...*

ma pattri l'ampristò a la Gna' Maru... zza!-zza!-zza!,
chidda ca vinn' u' pisci 'nda la chia... zza!-zza!-zza!"[164]

Ad ogni *"zza!"* passava il pollice violentemente sulle sei corde, prive di accordo, e se la rideva, divertita per averci preso in giro, godendosi il nostro sorpreso imbarazzo.

---

164 *"Avevo una chitarra di cocu...zza!-zza!-zza!, / mio padre la prestò alla Zia Maru... zza!-zza!-zza!, / quella che vende il pesce giù alla pia... zza!-zza!-zza!"*

Aria di Roma

Cassino, Pontecorvo, San Cesareo: man mano che leggevo I cartelli autostradali il mio cuore si apriva al piacere del ritorno. Un sentimento in cui si mescolavano un po' di tristezza per le vacanze che volgevano al termine, il vago sentore delle speranze per le cose nuove che l'anno scolastico venturo mi avrebbe portato, la fine del lungo, nauseante e noioso viaggio in automobile e la soddisfazione animale del tornare nella propria tana.

Alcune tappe sensoriali segnalavano i passi di avvicinamento: ad esempio le insegne luminose della fabbrica "KLOPMAN, fodere per vestiti" oppure quella che io e mia sorella definivamo "puzza di uovo marcio", da mia madre attribuita alla "macerazione della canapa" (non erano invece esalazioni di acque termali?). A un certo punto, dalle parti di Ferentino, nel frusinate, si vedeva da lontano la scritta "PRINZ BRAU", circondata da tre tondi luminosi di colore diverso: i cerchi di neon erano di dimensioni decrescenti e distanziati ad arte, per creare da lontano l'effetto concentrico in prospettiva. Altrettanti cerchi erano posizionati in direzione opposta, per le macchine che percorrevano l'Autostrada del Sole da nord a sud. Ma quando li vedevo nel viaggio d'andata erano solo lo sgradevole simbolo di una penitenza appena cominciata, mentre adesso erano l'incoraggiante avviso del "ci siamo quasi". La fabbrica della birra veniva proprio dopo i cerchi: un fabbricato in mattoni adiacente ad una enorme teca cuboide di cristallo, dentro la quale giganteggiava una meravigliosa e luccicante caldaia in rame, tutta illuminata. Nella notte, la composizione si avvicinava in maniera inquietante, nella mia fantasia, ad una navicella spaziale aliena. Anche perché, chissà per quale motivo, non si vedeva mai nessun operaio lavorarci. Una volta chiesi a mio padre di chiarirmene il motivo e mi rispose che era questione di orari: nel viaggio d'andata passavamo all'alba ed era troppo presto, mentre al ritorno i turni di lavoro erano già terminati. Annuii scettico, senza replicare, ma ero quasi sicuro che un giorno o l'altro degli esseri marroncini e rugosi sarebbero saltati fuori dai capannoni e avrebbero manovrato i marchingegni per far uscire dalla caldaia di rame un fluido ribollente e appiccicoso che avrebbe tentato di sterminare i terrestri; oppure, scoperchiandola, avrebbero liberato, una volta cotti a puntino, dei giganteschi baccelli, dai quali sarebbero germinati gli umanoidi assassini e invasori. Altro che birra! Passandoci oggi, il sito è ancora riconoscibile? Mi sembra d'averlo identificato, in viaggi più recenti: i cerchi erano spenti, alcuni rotti e se scorgevano solo i supporti. La fabbrica era dismessa, diroccata e la teca di cristallo era vuota, buia, orfana della caldaia, coi tubi che la servivano staccati e divelti. Evidentemente un commando di truppe scelte americane anti-alieni, proveniente direttamente dall'Area 51 del Nevada, deve averla individuata e neutralizzata. A meno che i veri alieni del terzo millennio - zingari e ladri nostrani - non abbiano nel frattempo approfittato di tutto quel ben di Dio di rame.

Il pensiero sinistro della fabbrica aliena, evocativo di incubi collegati a film come "I Vampiri dello Spazio" "Il fluido che uccide" o "L'invasione degli ultracorpi", la cui visione mi era stata incautamente concessa, era comunque utile a tener occupato il mio cervello per la mezz'oretta che ci separava dal casello di Roma Sud. Il Grande Raccordo Anulare, allora detto semplicemente "l'Anulare", non era stato ancora celebrato dalla canzone satirico-vendittiana di Corrado Guzzanti o miticamente raccontato dal film "Il Sacro Gra", ma accoglieva comunque maternamente fra le sue braccia semicircolari la Brunilde, anche lei felice per essere quasi al termine dello spossante viaggio; solo un tantinello nervosa, perché non vedeva l'ora di riposare nella sua stalla-garage. Io, invece, fremevo per poter finalmente aprire il finestrino e stavo in ginocchio sul sedile, con la mano già sulla manovella, incapace di star buono e seduto come chiedevano i genitori.

La cosa mi era consentita solo dopo che avevamo ridotto la velocità, una volta preso lo svincolo della "S.P. Nomentana", la strada allora più diretta per raggiungere il nostro quartiere. Finalmente, nella vettura, puzzolente degli scarti dei panini, del residuo caffè del thermos, dei formaggi, delle ricotte, delle verdure e degli altri alimenti con cui mio padre inzeppava il bagagliaio, poteva penetrare l'aria fresca della sera. Le mie narici si dilatavano, fino a percepire gli aromi più sottili. Oltre all'odore preponderante dell'erba, più fresco di quello degli sterpi riarsi siciliani, ce n'erano una miriade. Avvicinandosi alla città, arrivava, stranamente, quello dei cornetti, non credo dai bar, nei quali sarebbero stati portati solo al mattino, ma dai forni e dalle pasticcerie della periferia. Benché i cornetti non rientrassero fra le abitudini alimentari di casa mia, erano comunque una cosa tipicamente romana; che si collegava a sua volta ad un paio di sapori-odori la cui mancanza, nella vacanza siciliana, mi aveva creato non poca nostalgia: il latte e il burro. Il primo, in Sicilia non era affatto paragonabile alla delizia di quello della Centrale di Roma. Il burro, poi, era quasi del tutto sconosciuto nelle cucine isolane. Non per nulla, la prima cosa che avremmo fatto, appena parcheggiata la Brunilde, ancor prima di finire di scaricarla, sarebbe stata quella di andare in latteria: mia madre sarebbe uscita con due bellissime bottiglie bianche, ciascuna in una mano, e nella borsa avrebbe avuto il panetto del burro, incartato nella velina beige. Avremmo aperto un pacco di spaghetti appena scaricato dal viaggio ("Molini e Pastificio Ferrauto & Moncada") e ci saremmo mangiati un bel piatto di pasta al burro. Pazienza se il parmigiano era ancora quello di prima di partire: avremmo grattato col coltello la superficie e sarebbe stato buono lo stesso.

Da bere ci sarebbe stata una bella brocca della famosa acqua di Roma, l'impareggiabile Acqua Marcia, che veniva fuori bella fredda dal rubinetto (quello della "diretta", ben distinta dall'acqua accumulata nei cassoni condominiali) dopo pochissimo scorrere. È oggi forse incredibile che un bambino romano degli anni sessanta disprezzasse le bollicine delle bottiglie di "minerale" e si beasse, al ritorno dalla Sicilia, con gran bevute di acqua del rubinetto: ma è così. Roma, fin dall'antichità, è stata la regina delle acque: di quell'acqua, di quella città, avevo gran nostalgia.

Così, defilato dal finestrino della macchina, con gli occhi chiusi, già la sentivo quell'acqua millenaria rinfrescarmi la gola. E pensavo che era arrivato settembre, che qualche volta saremmo andati al mare, a Ostia o a Torvajanica, ma che l'estate e le vacanze volgevano al termine; l'unica consolazione sarebbe stato l'acquisto (forse) di un nuovo astuccio, profumato di matite e gomme immacolate e del DiarioVitt, del quale avrei già letto tutte le vignette e le storielle il giorno dopo l'acquisto, senza aprirlo troppo, però, per non "sverginarne" la rilegatura. Anche il diario, i quaderni e i libri nuovi avevano un profumo particolare; così come l'album delle figurine Panini, prima che gli aromi della Coccoina o della gomma arabica non lo corrompessero, man mano che i cartoncini venivano incollati. E che dire – pensiero collegato - dei pacchetti nuovi di figurine? L'ansia di scoprire se ce n'era qualcuna nuova o solo doppioni era anticipata dall'odore della bustina strappata. Chissà se quell'anno sarei riuscito finalmente a completare l'album; o quantomeno le pagine della squadra del mio cuore. Quelle casacche rosse coi colletti gialli, quelle facce di Pizzabballa, Losi, Tamborini, Barison e Taccola, avrebbero riempito i riquadri vuoti? Sentivo di sì. A qualunque costo, anche se il campionato sarebbe stato, al solito, una mezza delusione e il lunedì avrei dovuto come sempre litigare per gli sfottò dei compagni interisti, comodi e vigliacchi seguaci della squadra più forte, quella del primo Moratti e del Mago Herrera. Già sentivo l'acre sapore del liquido rosso che mi sarebbe colato in gola, oltre che uscire copioso dal naso troppo fragile, durante le relative scazzottate fuori da scuola.

Ma anche l'odore del sangue, pur sgradevole, faceva parte di quelli della mia città: antichi eroi, soldati e gladiatori, arene e campi di battaglia, dai quali uscivano vincitrici le legioni issanti i simboli dorati della lupa che allatta i gemelli. Odore di gloriose rovine antiche, assediate dalle erbacce, di letame di pecora dai pascoli suburbani, che si mescolava a quello degli scappamenti della prima grande motorizzazione. Odore dei giardini privati fioriti nelle ville dei Parioli e dei fumi invernali delle caldaie a carbone dei condomini popolari; dei roseti sull'Aventino nelle notti d'estate e del Tevere autunnale gonfio di pioggia; l'aroma raffinato dei caffè di Via Veneto - un misto di espressi fatti con tostato leggero di prima qualità e Vat69 versato nei bicchieri esagonali - e la puzza dei rigagnoli di liquami delle borgate senza fogne. Odori che non erano né migliori né peggiori di quelli dell'amata Sicilia, ma erano diversi, li sentivo appartenermi: erano quelli della *mia* città.

Dal finestrino aperto mi accarezzavano la faccia: aria di Roma.

Cielo stellato

Nell'estate del 1970, mio padre coronò il suo sogno di ritorno alle origini, concretizzando il progetto di restauro e ristrutturazione di una parte, quella toccata a lui in successione ed ampliata con l'acquisto di due stanze da sua cognata, della vecchia casa della "Palma", la nostra campagna. Qualche anno più tardi, in seguito all'acquisto di una parte della proprietà di una sua cugina, potemmo ulteriormente ingrandire la parte abitativa, spostando altrove il magazzino-garage. Utilizzammo quell'ampio locale come cucina-tinello e realizzammo sul retro un campo da bocce, con tanto di panchine e di una piccola casupola per un forno a legna tutto nostro. Ma il vero scatto di reni di mio padre, quello con cui ebbe la possibilità di dormire in campagna, di abitarci proprio, come aveva fatto da bambino e da giovinotto durante le estati, fu realizzato già nel 1970.

Amante dei lavori manuali ed ammirato dall'arte dei muratori, dei falegnami e degli idraulici, seguivo passo-passo mio padre e mia madre nei giri per scegliere le mattonelle, far realizzare i mobili che mancavano ed eseguire i sopralluoghi col direttore dei lavori e il capomastro. Il geometra, fratello di un simpaticissimo mezzo parente acquisito, era stato promosso nella diceria popolare al rango di "ingegnere". Era una brava persona, lento e pacato come si addice ad un vero uomo del Sud, tutto l'opposto dei protagonisti della frenesia industriale e commerciale nordista, che già allora cominciava ad incalzare l'Italia col vento della scilinguagnola imbonitrice televisiva, e che ha portato ora la nostra barcaccia sulla spiaggia desolata del berlusconismo/grillismo. Ma fin d'allora si capiva che la resistenza era una battaglia persa, come quella dei fieri e riflessivi capi indiani contro i chiassosi e crudeli invasori yankee. E lui stesso ne fu vittima: non pago della discreta fortuna della sua attività professionale, volle elevarsi. Continuò a studiare, anche se con la lentezza di chi contemporaneamente lavora, e anni dopo si laureò in architettura, potendo quindi a pieno titolo fregiarsi di una laurea e di un titolo professionale. Per la gente fu un'incomprensibile regressione dal livello di "ingegnere", ma alla fine ci si abituò.

Il capomastro, invece, omonimo di un iper-famoso presentatore televisivo, era stato compagno di scuola di mio padre, da cui una naturale confidenza e la finzione di un trattamento economico privilegiato.

Era un fanatico dell'Eternit, del quale, se non sbaglio, c'era una fabbrica anche in Sicilia, e ne proponeva l'utilizzo ogni dove. Devo confessare che per mesi avevo creduto che parlasse di piccoli supporti a forma di gambe, quando diceva: *"Iù 'cca ci mittissi i iammitti!"*[165]

Poi capii che *"Iammitti"*, era in realtà "Eternit", sicilianizzato con incredibile storpiatura. Lo si utilizzava non solo come copertura per tetti principali, tettoie e tettucci, ma anche, crudo o verniciato, per isolare e rendere impermeabili vecchi muri centenari in calce e pietrame, realizzare vasche idriche e condotte che avrebbe-

---

165 *Io qua ci metterei una protezione in Eternit.*

ro sfidato nel tempo gli acquedotti romani. Vestigia di quella gloriosa epoca del cemento-amianto sono ovunque in Sicilia (e in tutta l'Italia) e dubito che lo smaltimento di questa mostruosa mole di materiale sarà di rischio inferiore rispetto al lasciarla così com'è. Del resto non ho mai sentito di contadini o muratori siciliani, continuamente a contatto con il famoso Eternit, che abbiano contratto il mesotelioma. E che dire dei milioni e milioni di comuni cittadini che, come me, per decenni si sono abbeverati da vasche, tubi e serbatoi della medesima e proibitissima sostanza? La pubblicistica imperante non sa - o non vuol dire, visto l'immenso business dello smaltimento – che un conto è avere a che fare con le fibrille di amianto libero, come i poveri lavoratori delle fabbriche di Eternit o i motoristi delle navi, in cui i tubi delle sale macchine erano semplicemente avvoltolati con lana d'amianto, e un conto è coesistere con la effettivamente geniale miscela col cemento, che blocca le fibrille e promuove addirittura, a contatto con gli agenti atmosferici, una sorta di lichenizzazione delle superfici, ulteriormente isolante ed inibente il rilascio nell'ambiente delle fibrille stesse.

Intanto la casa di campagna, nel millenovecentosettanta, era tutta sventrata, con le scale in costruzione; noi dormivamo ancora da mia nonna a Lentini ma stavamo quasi sempre alla Palma, per presenziare ai lavori:
- Non ti sembra che la scala dovrebbe arrivare un po' più su? Credo che così si crei uno strano pianerottolo... - osservava mio padre, con l'occhio del buonsenso e di chi la laurea in ingegneria l'aveva sfiorata davvero, prima della "crisi" che lo spinse ad abbandonarla,

buttando alle ortiche anni di studi sofferti, e a dedicarsi alla filosofia.

A questa e a tutte le altre garbate osservazioni e proposte di modifica dei miei genitori, il geometra, pacato e bonario, dopo aver brevemente confabulato col capomastro, invariabilmente rispondeva:

- *Eventualmenti, chissu, su s' affari, si fa duoppu*[166].

In quel trambusto, anche le nostre abitudini si erano modificate. A Lentini non ci stavamo che per pranzare, cenare e dormire e la permanenza al mare, mescolata con frequenti capatine alla Palma per controllare i lavori, si era assai prolungata. La località marina preferita, anche perché molto vicina alla nostra campagna, era *Arcile*, ove la Baronessa proprietaria d'un vasto agrumeto, principalmente a limoni, aveva realizzato una lottizzazione della parte prospiciente il mare. Per lei aveva riservato una casa su uno scoglio, in posizione strategica, mentre la struttura terrazzata dell'agrumeto, con opportune modifiche e larghe strade di comunicazione, era stata divisa in ampi lotti edificabili, ciascuno con vista mare ed estensione atta a mantenere quiete e riservatezza. In ciò e nell'essere approvato dalle autorità competenti, il progetto si distingueva dagli scempi, più o meno aggressivi e quasi del tutto abusivi, compiuti in quegli anni sul vasto tratto di costa che va dalla foce del San Leonardo al promontorio di Brucoli.

Le prime famiglie a comprare un lotto e a fabbricarci la villa furono quella di un radiologo lentinese e quella di un commerciante ortofrutticolo genovese, da anni trapiantato a Lentini. Con en-

---

166 *Eventualmente questo, se si deve fare, si farà dopo.*

trambe c'era una certa amicizia e il guardiano di Arcile ormai ci conosceva come ospiti di una o dell'altra. Un figlio del radiologo sarebbe divenuto, qualche anno più tardi, mio compagno di scorribande in motorino (lui aveva un Garelli da cross ed io il mitico vecchio Hercules 50 con motore Sachs prestatomi da mio cugino Nunzio).

Ma la frequentazione più intensa era quella col commerciante genovese, cui eravamo accomunati, oltre che dalle origini della famiglia di mia madre, dal fatto di essere un po' "stranieri in Sicilia". In quegli anni, peraltro, sia noi che altri parenti comproprietari della Palma, conferivamo spesso a lui il nostro prodotto. La fiducia nella persona soddisfaceva mio padre, più romanticamente interessato alla salute dell'agrumeto che alla sua redditività: meglio la sicurezza d'una raccolta regolare e un prezzo di vendita equo che il rischio di estenuanti trattative - per le quali, come me, non era tagliato - per ottenere mezzo milioncino in più.

R., la figlia più piccola del genovese aveva un anno e mezzo più di me. Ma, per quanto lei già pubere ed io assai bambinescamente arretrato rispetto ai quasi tredici anni, questa differenza non si notava molto. Era piccolina (cioè alta più o meno come me), con occhi vivaci, viso magro con naso sottile ma importante, un bel sorriso mite, magrolina e proporzionata. Conoscendola già da qualche anno, le avevo visto crescere sul petto, intuiti sotto le camicette ed i costumi da bagno, due seni piccoli ma abbastanza larghi, perfettamente tondi, coi capezzoli incredibilmente puntati verso l'alto.

Nella casa lentinese del nostro amico commerciante genovese, adiacente all'enorme magazzino per la lavorazione delle arance, vedemmo, con un ristretto gruppo di parenti, anche loro suoi amici, la finale Italia-Brasile del campionato del mondo di Mexico 70. Davanti al grande televisore in bianco e nero, a cavallo dell'ora di cena, ero l'unico ragazzino. Ero stato ammesso alla trasmissione per diritto d'interesse e competenza calcistica e per aver in precedenza presenziato, a Roma, prima di partire per la Sicilia, al famoso Italia-Germania 4-3 dello stadio Azteca. Quel giorno mio padre mi aveva concesso di svegliarmi a mezzanotte (ma chi si era mai addormentato?) per vedere la semifinale, rimasta negli annali e nelle targhe messicane come "la partita del secolo". Dopo la rocambolesca vittoria e l'altalena emotiva, eravamo rimasti svegli per l'eccitazione finché non s'era fatto giorno. Alle prime luci dell'alba ci eravamo alzati dai rispettivi letti, con tacito accordo e meravigliosa complicità maschile, e avevamo improvvisato la colazione, con caffellatte e biscotti, sul tavolo del terrazzo. Avevamo ascoltato, felici, i clacson impazziti per le strade romane; poi eravamo usciti a comprare il giornale: per la prima ed unica volta della sua vita, mio padre chiese all'edicolante di piazza Santa Emerenziana il "Corriere dello Sport". Fra i miei più struggenti rimpianti c'è quello di non aver visto con mio padre, nel 1982, le vittoriose Italia-Brasile, del gironcino d'elezione, e la finale con la Germania: lui era partito per la Sicilia ed io rimasto a Roma per gli ultimi esami prima della laurea. Non vidi con lui, ma in compenso c'era mio figlio, la finale altrettanto vittoriosa dei mondiali del 2006: mio padre era partito, ormai da undici anni, per la sua destinazione definitiva.

La delusione per il 4 a 1 col Brasile del 1970 fu grande: il pareggio di Boninsegna, alla fine del primo tempo, ci diede un'illusoria speranza, mentre nell'intervallo mangiavamo gli impeccabili spaghetti al pesto preparati dalla gentilissima moglie del genovese. Ma nel secondo tempo Pelé e compagni si dimostrarono davvero troppo forti, umiliandoci con altri tre pregevoli gol! Per parare il tremendo colpo al mio orgoglio nazionalista, mi ripetevo "sono o non sono mezzo brasiliano?". Con questo magro tentativo di consolazione, assai cerebrale e poco emotivo, riuscii a stento ad addormentarmi, nella casa di Lentini di mia nonna, che dormiva, ormai vedova da due anni, nel lettone della stessa enorme stanza ove, in un angolo, era situato il mio. Del resto era l'ultimo anno che dormivamo a Lentini: l'estate successiva la sistemazione della casa di campagna sarebbe stata sicuramente terminata.

Una sera di agosto, mio padre aveva invitato alla Palma un po' di amici e parenti, per una cena in campagna, all'aperto. Pizze cotte nel forno a legna della casa antica, fette di pescespada arrostito e prodotti dell'orto: peperoni, melanzane e cipolle (tutto cotto per tempo alla brace), grandi scodelle di insalata di pomodori con cipolle, origano e basilico. La casa non era ancora finita e il grande salone con la volta a botte in pietra non era completamente agibile. Ma con le scale grezze si poteva raggiungere la piccola terrazza quadrata, con vista sulle luci di Catania e sul cratere acceso dell'Etna. Era lì che avevamo trasportato le cibarie, grandi teglie appoggiate sui muretti: gli amici si affollavano al buffet agreste e, molto gradendo il menù, già si prenotavano per le feste di inaugurazione della casa finita. L'anno successivo – ma anche più in là - le nostre cene alla Palma sarebbero divenute uno degli eventi della pigra estate lentinese, richiamando frotte di pseudo-parenti affamati, il più delle volte imbucati e richiamati dal tam-tam paesano, e costringendoci - soprattutto mia madre – a *tour de force* culinari non indifferenti.

Mia sorella era già scesa a fare una passeggiata con il cugino Stefano ed altri amici della loro comitiva. Vidi R., la piccola genovese trapiantata in Sicilia, che, in cima alle scale, indugiava nel seguirli, avendo un paio d'anni meno di loro:
- Scendiamo anche noi e li raggiungiamo? So io il viottolo che hanno preso. Ti va? – le chiesi con lo stesso istintivo spirito d'avventura con cui istigavo il mio amico d'infanzia Rino alle scorribande cittadine da monelli borghesi.
- Occhei, dai, andiamo! - sorrise lei, già scendendo il primo gradino di cemento ancora grezzo.

Dal terrazzo avevo già visto che il cielo era molto limpido, ma le lampadine, che avevamo montato con fili di fortuna, e il cicaleccio parentale infastidivano non poco l'osservazione. Il sentiero su cui la stavo portando era molto buio ma lo conoscevo a memoria e R. mi seguiva fiduciosa: avanzavamo fra due ali di agrumeto, evitando le fronde non potate delle grandi piante di tarocco. Un vago sentore di terra bagnata e finocchio selvatico secco si aggiungeva alla traspirazione delle piante di agrumi, i cui fruttini piccolissimi e verdi si drizzavano dai rametti: veniva spinto alle nostre narici da una brezza lievissima, limitata dal fitto fogliame. Il viottolo, a un certo punto, lambiva la *Gebbia*. Era una grande vasca rotonda per la raccolta dell'acqua e la sua distribuzione, per caduta o con pompe a motore, alle varie parti dell'aranceto. Raramente ci si poteva fare il bagno, solo quando veniva ripulita all'inizio della stagione, ma quella piscina tonda era sempre stata molto cara alla mia fantasia, immaginandone una futura trasformazione con piastrelle a mosaico, impianti di depurazione, bordo largo per sdraio ed ombrelloni. Mi venne naturale, anziché proseguire sul sentiero, salire i gradini in pietra che portavano all'invaso, elevato rispetto al piano della campagna. Il livello dell'acqua era basso e ci si poteva sedere sul bordo senza immergere i piedi, mentre le ranocchie facevano da rado contrappunto ai grilli, nel buio quasi totale di un quarto scarso di luna. Lo spettacolo della volta celeste era sontuoso. Da bambinetto, il cielo notturno mi era apparso come una divertente collezione di piccole lampadine su un telo blu di sfondo, un po' come nel presepe. Ora, invece, qualcosa di nuovo si apriva alla mia mente. Anni dopo, studiando Kant, rimasi folgorato dalla celeberrima frase di chiusura della "Critica della Ragion Pratica" ed arrossii violentemente di piacere e presunzione, pensando che quella notte, alla Gebbia della Palma, la mia mente si era forse avvicinata a quella mostruosa del grande filosofo di Königsberg[167].

---

167 "Due cose riempiono l'animo di ammirazione e venerazione sempre nuova e crescente, quanto più spesso e più a lungo la riflessione si occupa di esse: *il cielo stellato sopra di me, e la legge morale in me*. Queste due cose io non ho bisogno di cercarle e semplicemente supporle come se fossero avvolte nell'oscurità, o fossero nel trascendente fuori del mio orizzonte; io le vedo davanti a me e le connetto immediatamente con la coscienza della mia esistenza. La prima comincia dal posto che io occupo nel mondo sensibile esterno, ed estende la connessione in cui mi trovo a una grandezza interminabile, con mondi e mondi, e sistemi di sistemi; e poi ancora ai tempi illimitati del loro movimento periodico, del loro principio e della loro durata. La seconda comincia dal

R. si era seduta accanto a me ed entrambi avevamo le mani poggiate sulla pietra e il viso rivolto in alto, il collo giovane non ancora limitato dall'artrosi cervicale. Io mi ero da poco appassionato ad un atlante astrale – me lo avevano regalato per l'onomastico - e con entusiasmo riconoscevo qualche costellazione:
- Guarda, quello è il piccolo carro... la stella polare! E quello mi sembra che sia Orione... Oddio la via Lattea! Quant'è grande, lì sopra! E quella luce forte, più bassa, dovrebbe essere Venere!

Avevo staccato la mano destra dal bordo della *Gebbia* e con il dito puntavo verso le mie osservazioni astronomiche. Ma la sinistra era rimasta col palmo appoggiato sulla pietra, coperta di muschio secco, accanto a quella di R.. Sentii le sue dita sulle mie e mi voltai a guardarla. Già da un pezzo, credo, doveva essersi girata verso di me, interrompendo gli sguardi al cielo. I nostri occhi e i

---

mio io indivisibile, dalla mia personalità, e mi rappresenta in un mondo che ha la vera infinitezza, ma che solo l'intelletto può penetrare, e con cui (ma perciò anche in pari tempo con tutti quei mondi visibili) io mi riconosco in una connessione non, come là, semplicemente accidentale, ma universale e necessaria. Il primo spettacolo di una quantità innumerevole di mondi annulla affatto la mia importanza di *creatura animale* che deve restituire al pianeta (un semplice punto nell'Universo) la materia della quale si formò, dopo essere stata provvista per breve tempo (e non si sa come) della forza vitale. Il secondo, invece, eleva infinitamente il mio valore, come [valore] di un' *intelligenza*, mediante la mia personalità in cui la legge morale mi manifesta una vita indipendente dall'animalità e anche dall'intero mondo sensibile, almeno per quanto si può riferire dalla determinazione conforme ai fini della mia esistenza mediante questa legge: la quale determinazione non è ristretta alle condizioni e ai limiti di questa vita, ma si estende all'infinito".

(I. Kant, *Critica della ragion pratica* (Conclusione), Laterza, Bari, 1974, pagg. 197-198).

sorrisi s'incontrarono: sentii un calore subito sotto lo sterno, che si irradiava verso la pancia. E anche più in basso.

Era la fine della mia infanzia.

Nota di edizione

Questo libro

Negli anni Sessanta del '900 un bambino segue i ritorni periodici del padre, siciliano trapiantato a Roma, verso l'isola natia, potente calamita d'affetti agrumicoli e parentali. Sullo sfondo il "boom economico", vento potente che soffiò su tutta l'Italia e che, soprattutto in Sicilia, s'insinuò, scompigliandole definitivamente, fra tradizioni culturali che si scoprirono meno solide ed eterne di quanto si fosse in passato immaginato. L'interminabile viaggio in automobile, coi suoi riti e le sue scoperte, le dolcezze e le cupezze dei luoghi e dei personaggi della Sicilia Orientale dell'epoca si susseguono in questi racconti, in cui gli ingenui ma indelebili ricordi infantili sono tratteggiati con pennello lievemente ironico ma intinto inevitabilmente nella nostalgia.

L'autore

Nato a Roma alla fine degli anni '50 del secolo scorso, da padre siciliano di Lentini e da madre di Rio de Janeiro (discendente da una famiglia di musicisti genovesi trapiantati in Brasile), **Alfio Moncada** è vissuto quasi sempre nella Capitale dedicandosi alla sua professione medica. Ha composto alcuni racconti satirico-politici, di cui uno, "Vado!", pubblicato sulle pagine online de "Il Manifesto"(2011). Fondendo la passione letteraria con quella per la musica, nel 2010 "Luce!", cantata per soprano, organo, coro misto e coro di voci bianche (musica di Raimundo Pereira) e nel 2011 "Oh, dolce sete", madrigale polifonico (musica di Piera Pistono). Altri scritti: "Così parlò l'Oculista" (2013) e "Il Decamerocchio" (2016).

Le edizioni ZeroBook

Le edizioni ZeroBook nascono nel 2003 a fianco delle attività di www.girodivite.it. Il claim è: "un'altra editoria è possibile". ZeroBook è una piccola casa editrice attiva soprattutto (ma non solo) nel campo dell'editoriale digitale e nella libera circolazione dei saperi e delle conoscenze.

Quanti sono interessati, possono contattarci via email: zerobook@girodivite.it

O visitare le pagine su: https://www.girodivite.it/-ZeroBook-.html

Ultimi volumi:

Perduti luoghi ritrovati : Poggioreale Antica / di Roberta Giuffrida

Raccolta di pensieri / Adele Fossati (poesie)

Enne / Piero Buscemi

La socialdemocrazia italiana fra scissioni e confluenze (1947-1998) / Ferdinando Leonzio.

Cortale, borgo di Calabria / di Pasquale Riga

Delitto a Nova Milanese : venticinque righe nelle "brevi" / Adriano Todaro

Abbiamo una Costituzione : Ideologie, partiti e coscienza democratica costituzionale / Gaetano Sgalambro

Lentini nell'Italia repubblicana / di Ferdinando Leonzio

Emma Swan e l'eredità di Adele Filò / di Simona Urso

Otello Marilli / di Ferdinando Leonzio

Autobianchi : vita e morte di una fabbrica / di Adriano Todaro prefazione di Diego Novelli

Sei parole sui fumetti / di Ferdinando Leonzio

Sotto perlaceo cielo : mito e memoria nell'opera di Francesco Pennisi / di Luca Boggio

Accanto ad un bicchiere di vino : antologia della poesia da Li Po a Rino Gaetano / a cura di Piero Buscemi

Il cronoWeb / a cura di Sergio Failla

L'isola dei cani / di Piero Buscemi

Saggistica:

I Sessantotto di Sicilia / Pina La Villa, Sergio Failla (ISBN 978-88-6711-067-4)

Il Sessantotto dei giovani leoni / Sergio Failla (ISBN 978-88-6711-069-8)

Antenati: per una storia delle letterature europee: volume primo: dalle origini al Trecento / di Sandro Letta (ISBN 978-88-6711-101-5)

Antenati: per una storia delle letterature europee: volume secondo: dal Quattrocento all'Ottocento / di Sandro Letta (ISBN 978-88-6711-103-9)

Antenati: per una storia delle letterature europee: volume terzo: dal Novecento al Ventunesimo secolo / di Sandro Letta (ISBN 978-88-6711-105-3)

Il cronoWeb / a cura di Sergio Failla (ISBN 978-88-6711-097-1)

Il prima e il Mentre del Web / di Victor Kusak (ISBN 978-88-6711-098-8)

Col volto reclinato sulla sinistra / di Orazio Leotta (ISBN 978-88-6711-023-0)

Il torto del recensore / di Victor Kusak (ISBN 978-6711-051-3)

Elle come leggere / di Pina La Villa (ISBN 978-88-6711-029-2

Segnali di fumo / di Pina La Villa (ISBN 978-88-6711-035-3)

Musica rebelde / di Victor Kusak (ISBN 978-88-6711-025-4)

Il design negli anni Sessanta / di Barbara Failla

Maledetti toscani / di Sandro Letta (ISBN 978-88-6711-053-7)

Socrate al caffé / di Pina La Villa (ISBN 978-88-6711-027-8)

Le tre persone di Pier Vittorio Tondelli / di Alessandra L. Ximenes (ISBN 978-88-6711-047-6)

Del mondo come presenza / di Maria Carla Cunsolo (ISBN 978-88-6711-017-9)

Stanislavskij: il sistema della verità e della menzogna / di Barbara Failla (ISBN 978-88-6711-021-6)

Quando informazione è partecipazione? / di Lorenzo Misuraca (ISBN 978-88-6711-041-4)

L'isola che naviga: per una storia del web in Sicilia / di Sergio Failla

Lo snodo della rete / di Tano Rizza (ISBN 978-88-6711-033-9)

Comunicazioni sonore / di Tano Rizza (ISBN 978-88-6711-013-1)

Radio Alice, Bologna 1977 / di Lorenzo Misuraca (ISBN 978-88-6711-043-8)

L'intelligenza collettiva di Pierre Lévy / di Tano Rizza (ISBN 978-88-6711-031-5)

I ragazzi sono in giro / a cura di Sergio Failla (ISBN 978-88-6711-011-7)

Proverbi siciliani / a cura di Fabio Pulvirenti (ISBN 978-88-6711-015-5)

Parole rubate / redazione Girodivite-ZeroBook (ISBN 978-88-6711-109-1)

Accanto ad un bicchiere di vino : antologia della poesia da Li Po a Rino Gaetano / a cura di Piero Buscemi (ISBN 978-88-6711-107-7, 978-88-6711-108-4)

Neuroni in fuga / Adriano Todaro (ISBN 978-88-6711-111-4)

Celluloide : storie personaggi recensioni e curiosità cinematografiche / a cura di Piero Buscemi (ISBN 978-88-6711-123-7)

Sotto perlaceo cielo : mito e memoria nell'opera di Francesco Pennisi / di Luca Boggio (ISBN 978-88-6711-129-9)

Per una bibliografia sul Settantasette / Marta F. Di Stefano (ISBN 978-88-6711-131-2)

Iolanda Crimi : un libro, una storia, la Storia / di Pina La Villa (ISBN 978-88-6711-135-0)

Autobianchi : vita e morte di una fabbrica / di Adriano Todaro

prefazione di Diego Novelli (ISBN 978-88-6711-141-1)

Dizionario politico-sociale di Nova Milanese : Passato e presente / Adriano Todaro (ISBN 978-88-6711-151-0)

Abbiamo una Costituzione : Ideologie, partiti e coscienza

democratica costituzionale / Gaetano Sgalambro (ebook ISBN 978-88-6711-163-3, book ISBN 978-88-6711-164-0)

La peste di Palermo del 1575 / di Giovanni Filippo Ingrassia (ebook ISBN 978-88-6711-173-2)

Permesso di soggiorno obbligato / redazione Girodivite (ebook ISBN 978-88-6711-181-7, book ISBN 978-88-6711-182-4)

Narrativa:

L'isola dei cani / di Piero Buscemi (ISBN 978-88-6711-037-7)

L'anno delle tredici lune / di Sandro Letta (ISBN 978-88-6711-019-3)

Emma Swan e l'eredità di Adele Filò / di Simona Urso (ISBN 978-88-6711-153-4)

Delitto a Nova Milanese : venticinque righe nelle "brevi" / Adriano Todaro (ebook ISBN 978-88-6711-171-8, book ISBN 978-88-6711-172-5)

Enne / Piero Buscemi (eboo ISBN 978-88-6711-179-4, book ISBN 978-88-6711-180-0)

Poesia:

Raccolta di pensieri / di Adele Fossati (ISBN 978-88-6711-190-9)

Iridea / poesie di Alice Molino, foto di Piero Buscemi (ISBN 978-88-6711-159-6)

Il libro dei piccoli rifiuti molesti / di Victor Kusak (ISBN 978-88-6711-063-6)

L'isola ed altre catastrofi (2000-2010) di Sandro Letta (ISBN 978-88-6711-059-9)

La mancanza dei frigoriferi (1996-1997) / di Sergio Failla (ISBN 978-88-6711-057-5)

Stanze d'uomini e sole (1986-1996) / di Sergio Failla (ISBN 978-88-6711-039-1)

Fragma (1978-1983) / di Sergio Failla (ISBN 978-88-6711-093-3)

Raccolta differenziata n°5 : poesie 2016-2018 / di Victor Kusak (ISBN 978-88-6711-149-7)

Libri fotografici:

I ragni di Praha / di Sergio Failla (ISBN 978-88-6711-049-0)

Transiti / di Victor Kusak (ISBN 978-88-6711-055-1)

Ventimetri / di Victor Kusak (ISBN 978-88-6711-095-7)

Visioni d'Europa / di Benjamin Mino, 3 volumi (ISBN 978-88-6711-143_8)

Cortale, borgo di Calabria / Pasquale Riga (ISBN 978-88-6711-175-6)

Perduti luoghi ritrovati : Poggioreale Antica / di Roberta Giuffrida (ISBN 978-88-6711-191-6)

Opere di Ferdinando Leonzio:

Una storia socialista : Lentini 1956-2000 / di Ferdinando Leonzio (ISBN 978-88-6711-125-1)

Lentini 1892-1956 : Vicende politiche / di Ferdinando Leonzio (ISBN 978-88-6711-138-1)

Segretari e leader del socialismo italiano / di Ferdinando Leonzio (ISBN 978-88-6711-113-8)

Breve storia della socialdemocrazia slovacca / di Ferdinando Leonzio (ISBN 978-88-6711-115-2)

Donne del socialismo / di Ferdinando Leonzio (ISBN 978-88-6711-117-6)

La diaspora del socialismo italiano / di Ferdinando Leonzio (ISBN 978-88-6711-119-0)

Cento gocce di vita / di Ferdinando Leonzio (ISBN 978-88-6711-121-3)

La diaspora del comunismo italiano / di Ferdinando Leonzio (ISBN 978-88-6711-127-5)

Sei parole sui fumetti / di Ferdinando Leonzio (ISBN 978-88-6711-139-8)

Otello Marilli / di Ferdinando Leonzio (ISBN 978-88-6711-155-8)

La diaspora democristiana / di Ferdinando Leonzio (ISBN 978-88-6711-157-2)

Lentini nell'Italia repubblicana / di Ferdinando Leonzio (ebook ISBN 978-88-6711-161-9, book ISBN 978-88-6711-162-6)

Delfo Castro, il socialdemocratico / Ferdinando Leonzio (ebook ISBN 978-88-6711-169-5, book ISBN 978-88-6711-170-1)

La socialdemocrazia italiana fra scissioni e confluenze (1947-1998) / Ferdinando Leonzio (ebook ISBN 978-88-6711-177-0, book ISBN 978-88-6711-178-7)

Parole rubate:

Scritti per Gianni Giuffrida: La nuova gestione unitaria dell'attività ispettiva: L'Ispettorato Nazionale del Lavoro / di Cristina Giuffrida (ISBN 978-88-6711-133-6)

WikiBooks:

La Carta del Carnaro 1920-2020 (ISBN 978-88-6711-183-1)

Webology : le "cose" del Web / a cura di Sergio Failla (ISBN 978-88-6711-185-5)

Cataloghi:

ZeroBook: catalogo dei libri e delle idee 2012-...

Catalogo ZeroBook 2007

Catalogo ZeroBook 2006

Riviste:

Post/teca, antologia del meglio e del peggio del web italiano

ISSN 2282-2437

https://www.girodivite.it/-Post-teca-.html

Girodivite, segnali dalle città invisibili

ISSN 1970-7061

https://www.girodivite.it

https://www.girodivite.it

ZeroBook catalogo delle idee e dei libri

bimestrale

https://www.girodivite.it/-ZeroBook-free-catalogo-puoi-.html